Schriftenreihe Planen und Gestalten, Band 2
Herausgegeben von Hugo Potyka

Cordula Loidl-Reisch

DER HANG ZUR VERWILDERUNG

DIE ANZIEHUNGSKRAFT DER VERWILDERUNG
UND IHRE BEDEUTUNG ALS TRÄGER ILLUSIONISTISCHER
FREIRAUMINSZENIERUNGEN

Picus Verlag Wien

CIP-Kurztitelaufnahme der Deutschen Bibliothek

Loidl-Reisch, Cordula:
Der Hang zur Verwilderung: d. Anziehungskraft d.
Verwilderung und ihre Bedeutung als Träger
illusionist. Freirauminszenierungen / Cordula
Loidl-Reisch.- Wien: Picus, 1986.
ISBN 3-85452-102-2

Copyright © 1986 Picus Verlag Ges.m.b.H., Wien
Alle Rechte vorbehalten
Umschlag und Layout: Dorothea Löcker
Satz: Faltersatz, Wien
Lithographie, Druck und Verarbeitung:
Remaprint, Wien
Printed in Austria
ISBN 3-85452-102-2

Inhalt

Zum Geleit 7

Vorwort 9

Verwilderung 11

Der Hang zur Verwilderung 15
    Wertewandel 16
    Spiegel der Zeit 18
    Interesse an den Ursprüngen 20
    Illusion archetypischer Wildnis 24
    Kontrast 25
    Ästhetische Eigenqualität der Verwilderung 26
    Stimmung 26
    Die Lust am Verfall 28
    Den Dingen ihren Lauf lassen 29
    Malerische Schönheit 34
    Sinnliche Qualitäten 35
    Meditation 39
    Märchen 40
    Hexengarten 43
    Heilkräuter 45
    Wildgemüse 46
    Verwilderungsflächen als attraktive Spielräume 49
    Veränderbarkeit und fehlende Kontrolle 49
    Artenreiche stimulierende Vielfalt 52
    Suche nach Gefahren, die bewältigt werden können . . 55

Der Prozess der Verwilderung — Gestaltbildung
durch Verwilderung 59
    Verwitterung — Bodenbildung 60
    Strömungen des Windes formen Gestalt — „Inseln" entstehen 64
    Wiedervereinnahmung durch die „wilde" Natur 67

Gestaltänderung verwildernder Areale durch menschliche Nutzung ... 107
- Aufforderung zur Aneignung ... 108
- Betritt ... 108
- Trittpflanzengesellschaften ... 109
- Pflasterflächen mit offenen Fugen ... 112
- Die gestaltverändernde Wirkung des Kinderspiels ... 115
- Wilde Mülldeponien ... 115

Verwilderung in der Stadt ... 117
- Konflikt Artenschutz — Erholungsnutzung ... 122
- „Individuelle" Wildnis ... 123

Umgang mit Verwilderung — Pflege ... 127
- Pflegepläne ... 129
- Pflanzenvermehrung durch Verwilderung ... 136

Wenn Gärten verwildern ... 139
- Ein Rasenteppich verwildert zur lieblichen Wiese ... 141
- Blumenbeete wandeln sich ... 144
- Langsame Verbuschung ... 148
- Strenge Schnitthecken verwildern ... 150
- Einzelbäume und Baumgruppen ... 151
- Exoten ... 154
- Malerische Schönheit erwächst aus dem Verlust der Funktionsfähigkeit ... 156
- „Das Ende der Reise ..." ... 159

Verwilderung als Träger illusionistischer Freirauminszenierungen ... 163
- Ansätze zu einem illusionistischen Wegenetz ... 165
- Sukzessionssteuerung ... 171
- Wider die „Tabula rasa" ... 176
- Neue Ruinenromantik ... 180
- Assoziative Bilder ... 181

Anhang ... 189
- Anmerkungen ... 190
- Einige Fachbegriffe ... 193
- Literatur ... 194
- Bildnachweis ... 198

ZUM GELEIT

Eigentlich war „Der Hang zur Verwilderung" Anlaß zum Entschluß, die Schriftenreihe „Planen und Gestalten" im Picus Verlag herauszugeben.

Die zeitlose Aktualität, die literarische Qualität und die Eindringlichkeit des gewählten Bildmaterials ließen wünschen, diese Arbeit gedruckt und gebunden einem breiteren Publikum zugänglich zu machen.

So deutet dieser zweite Band der Schriftenreihe, nach dem Handbuch „Pflegefall Althaus", an, daß wir uns mit dem Reihentitel „Planen und Gestalten" ein sehr breites Spektrum der zu behandelnden Themen offen gehalten haben.

Die Erfahrungen, die Cordula Loidl-Reisch gesammelt hat, sind das erstaunliche Ergebnis aufmerksamer Beobachtung — auch ihrer leichtfaßlichen Darstellung wegen verdienen sie größte Beachtung.

Als Herausgeber der Schriftenreihe wünsche ich dem Buch den ihm gebührenden Erfolg. Der Autorin aber, daß sie häufig Gelgenheit haben möge, die hier mitgeteilten Erkenntnisse konkret anwenden zu können.

Hugo Potyka,
Wien im Oktober 1986

Vorwort

Es ist weder ein Einzelner, der den Zeitgeist erfindet, noch eine isolierte Ursache, wenn Dinge von kollektiver Bedeutung sich verändern. Ein Netzwerk von Lebensbeziehungen staut sich unter der Decke konventioneller Ordnung und Form. Eine Situation wird reif, und simultan durchbrechen Entdeckungen und gestaltender Wille die geistigen Hüllen. Seismographische Feinfühligkeit von Forschern und Künstlern für die tiefschichtigen Regungen und Strömungen einer Zeit — unabdingbar gepaart mit Imagination und Ausdrucksfähigkeit — formuliert neue Ziele und Einstellungen.

Der Hang zum Verwildern ist eine Eruption aus solcher Tiefe. Er bricht aus Schichten existentieller Voraussetzung und Gefährdung unserer Umwelt, gleichzeitig aus geschichtlicher Verankerung hervor.

Mode wird gemacht. Kurzweilig facettiert sie die Gestalt zeitbedingter Einstellung. In vielfältigem individuellem und gruppenweisem Ausdruck läßt sie als Pulsschlag unserer Zeit den Untergrund erfühlen.

Der Hang zur Verwilderung als dem Menschen innewohnendes Prinzip stößt in unsere durch Zerstörung und totale Naturentfremdung gezeichnete Welt in tausend modischen Varietäten empor. Sie alle entspringen einem veränderten Natur-Verständnis und veränderter Wertung unserer Zivilisation.

Das vorliegende Werk läßt uns hoffen, daß echtes Verständnis für Mensch und Natur als Ganzes und Verfeinerung des Geschmacks nach einem Jahrhundert des Eklektizismus eine neue umfassende Umweltkultur initiiert und vielleicht in letzter Minute dem selbstmörderischen Trend zu totaler Umweltzerstörung entgegenwirkt.

Eduard Neuenschwander,
Gockhausen im Oktober 1986

Verwilderung

Würdige Prachtgebäude
stürzen,
Mauer fällt, Gewölbe
bleiben,
daß nach tausendjähr-
'gem Treiben
Tor und Pfeiler sich ver-
kürzen.
Dann beginnt das Leben
wieder,
Boden mischt sich
neuen Saaten,
Rank' auf Ranke senkt
sich nieder.
Der Natur ist's wohlge-
raten.

Johann Wolfgang von
Goethe

Im Spannungsfeld polarer Kräfte — der Anstrengung des Menschen zur Aufrechterhaltung von ihm geschaffener künstlicher Strukturen einerseits und den alles überformenden Naturmächten andererseits — ist Verwilderung eine Metamorphose, ausgelöst durch absichtliche oder ungewollte Verschiebung der Kräfte hin zu wachsender Natürlichkeit und abnehmender Künstlichkeit.

Durchaus geläufig im allgemeinen Sprachgebrauch, wird „Verwilderung" in sozialem Kontext verwendet, wenn ein „Verfall der Sitten" beschrieben werden soll. In gänzlich anderem Zusammenhang charakterisiert der Begriff z.B. den Zustand sich selbst überlassener Gärten und erhält daran angelehnt auch wissenschaftliche Bedeutung in der botanisch-pflanzensoziologischen Disziplin. In ein enges Korsett gezwängt, wird mit „Verwilderung" allerdings lediglich eine Selbstausbreitung kultiviert gezogener Pflanzen in ihrer Umgebung ohne menschliches Dazutun ausgedrückt. Aus dieser Enge soll der Begriff gelöst werden und, ausgehend von seiner wörtlichen Bedeutung, expandieren zum „Wieder-Wild-Werden" von Gärten und anderen Orten unter freiem Himmel allgemein.

Wegfallende Pflege, das Zulassen von Alterungsprozessen und die sukzessive Ansiedlung von Pflanzengesellschaften bewirken im Laufe der Zeit reizvolle Übergangsstadien ehemals von Menschenhand geformter Standorte — Endstadien der Verwilderung sind naturnah, Zeichen und Spuren des Menschen sind „verwischt", und die vorausgehende Künstlichkeit ist oft nur mehr für botanisch Versierte erkennbar.

Der Prozeß führt zur Desorganisation anthropogener Einrichtungen, zu ihrem Abbau, während sich gleichzeitig eine sich permanent verjüngende Natur durch ihre kontinuierliche Bildung von Biostrukturen ausbreitet. Artefakte werden, verfallend, von Pflanzen überwuchert, die Erscheinungsformen verwildernder Orte wandeln sich — Künstlichkeit und Natürlichkeit gehen neue Bindungen zu einem malerischen Ganzen ein, wobei das Prozeßhafte des „Wieder-Wild-Werdens" aus vorhergehender Naturgegensätzlichkeit wesentlich und dem Begriff „Verwilderung" immanent ist. Als Gestaltverknüpfung der im Abbau begriffenen Künstlichkeit mit der um- und neustrukturierenden Natürlichkeit breitet sich Verwilderung keineswegs rein zufällig aus, sondern folgt gewissen Gesetzmäßigkeiten und Abläufen.

Zeit- und entwicklungsbedingte Unterschiede lassen eine grobe schematische Differenzierung dreier Stadien der Verwilderung zu: 1. das Initialstadium der Verwilderung, 2. ihre reiferen Stadien und 3. ein Endstadium. Ganz zu Beginn, wenn ein durch Nutzung denaturierter Standort sich selbst überlassen wird, stellen *Initialstadien* eine vorbereitende Phase dar, in der aus lebensfeindlichen Situationen über viele kleine Zwischenschritte laufend bessere Überlebensmöglichkeiten für immer anspruchsvollere Organismen geschaffen werden. Verwitterung, Bodenbildung und einsetzende Besiedlung durch Pflanzen und Tiere sind ihre Charakteristika. Eng verwoben mit beginnender Renaturierung sind im Anfangsstadium die Zeichen des Abbaus — bröckelnde Hartflächen, verfallende Mauern, faulendes Holz, etc. — besonders augenfällig.

Verwildernde Gärten und Orte, die bereits seit längerer Zeit sich selbst überlassen sind, verfügen über oft recht gut entwickelte Böden und reiche Pflanzenstrukturen. In ihnen dominiert, herausgelöst aus den Zwängen der Gestaltungsabsichten des Menschen und auch aus den ursprünglichen Funktionen (Tore verwilderter Gärten sind oft zugewuchert und kaum noch als Zugänge nutzbar, Treppen längst von dikken Pflanzenschichten bedeckt, ...), ein üppiges Wuchern, das ehemalige Raumeindrücke bereits stark verändert hat. So haben diese *reiferen Stadien der Verwilderung* wenig gemein mit ärmeren oder sehr unausgeglichenen Pionierstandorten und ähneln in ihrer Entwicklung eher der von Brachflächen. (Brachflächen: früher landwirtschaftlich genutzte Bestände, die nicht mehr gemäht oder umgebrochen werden.) Anders als diese Brachen sind Verwilderungsbereiche aber meist von typischen, anthropogenen Relikten durchsetzt (Bauwerken, Bodenversiegelungen, Hartflächen, Beeteinfassungen, Mauern,...), deren Verfall charakteristisches Element der Verwilderung ist.

Anders, nämlich meist größer, sind auch die Distanzen, die verwildernde Bereiche (besonders in Städten!) zu den nächstliegenden naturnahen Einheiten aufweisen. Dieses geringere Maß an Kontaktflächen schränkt das Artenspektrum der Lebewesen, die solche Standorte zu besiedeln vermögen, auf die „mobilsten" Organismen ein, wodurch die primäre Artenzusammensetzung, aber auch die Geschwindigkeit der Besiedlung verwildernder Areale durch Flora und Fauna, beeinflußt wird.

In erster Linie auf den menschlichen Siedlungsraum begrenzt, verdeutlicht eine lose Aufzählung die Mannigfaltigkeit möglicher Verwilderungsorte: Gärten — Parks — Siedlungsgrün — Gehölzgruppen — Abstandsgrün — Verkehrsgrün — Friedhöfe — Kinderspielplätze — Balkone — Flachdächer — Dachterrassen — Zäune — Spaliere — Wegraine — Fassaden — Fußwege — Mauern — Treppen — ehemalige Industrieanlagen — Baulücken — Bauerwartungsland — Lichthöfe — Ziegelsplitt — Bahngelände — offengehaltene Blumenbeete — Gleisschotter — Gruftspalten — Anschüttungen — Trockenmauern — Hecken — Betontrümmer — Pflasterritzen — Mauerfugen — Bauschutt — Ruinen — ...[1]

Vor allem aber ist Verwilderung ein Phänomen der Zeit: der Alterungsprozeß läßt „Dysfunktionalität", also das Offensein für andere als ursprünglich zugedachte Funktionen, wachsen, im langsamen Vergehen alter Strukturen eröffnen sich die Möglichkeiten zur Entwicklung neuer Strukturen.

Das *Endstadium* führt nach einem langen Zeitraum der Ungestörtheit zu einem Maximum an „Wildheit", zur potentiellen Klimaxgesellschaft, in unseren Breiten meistens zu Wald. In der Dominanz des Vegetativen ist dieser Höhepunkt an Naturnähe nur noch für den geübten Blick von primärer Wildnis zu unterscheiden.

Der hang zur verwilderung

> Eine wilde Schönheit bezaubert mich mehr als eine in jeder Hinsicht genaue Kunst.
>
> ROBERT HERRICK

Äußerungen und Werke des menschlichen Geistes wollen in ihrem Zusammenhang verstanden werden, weshalb für einen Versuch, die Anziehungskraft verwildernder Areale und einen aus ihr resultierenden „Hang zur Verwilderung" zu deuten, die verstehend-hermeneutische Methode herangezogen werden soll — statt einer trennend-analytischen.

Schließlich sind es im einzelnen weniger die analysierbaren und in rationale Begriffe hüllbaren Gestaltelemente, welche die sensible Ausstrahlung sich selbst überlassener Orte ausmachen, als jene spezifische, energetische Konzentration des in der verwildernden Fläche handelnden und sie erlebenden Menschen, eine Konzentration, die die Folge vieler unterschiedlicher Assoziationen sein kann, die in der wahrnehmenden Person aufsteigen, wobei jenen Assoziationen, die mit angenehmen oder unangenehmen Gefühlen verbunden sind, besondere Wichtigkeit zukommt. Denn letzten Endes wird das Verhalten des Menschen, werden „motivationale" Prozesse — etwa wie lange man sich in einem Verwilderungsbereich aufhält und wie man diesen bewertet — durch Emotionen gesteuert[1], ist doch die Triebfeder allen Tuns, aller inneren Aktivität etwas, das uns emotional bewegt, uns bestimmt nicht kalt läßt.

Wertewandel

Lyrische Naturbegeisterung kann immer nur von städtischen Kulturen kommen.

EGON FRIEDELL

Ein Wertewandel mit dem „aquisitive" Werte (Sparsamkeit, Bedürfnisaufschub, Konformität mit den herrschenden Autoritäten) allmählich von „post-aquisitiven" Werten (Selbstverwirklichung, Aktualisierung des ästhetischen und intellektuellen Potentials, sowie gesellschaftliche Teilnahme und Teilhabe) abgelöst werden[2], führt zu einer Verschiebung im Gefüge der Wertmaßstäbe und bewirkt, daß „...Neuem der Nimbus des Besseren, des Richtigen anhaftet und eine Neigung entsteht, alles, was im weitesten Sinne innovativ ist, mit einer Art Vorschußlorbeer zu versehen."[3]

So läßt sich „...ein Wandel sozialer Konfliktmuster beobachten, in dessen Verlauf ökonomische und religiöse Konflikte zunehmend durch Fragen des Lebensstils abgelöst werden."[4] „Mit dem Wertewandel geht ein Unbestimmtheitsgefühl einher, das zunehmend auch breite Kreise von Menschen wahrnehmungsfähig und aufmerksam macht."[5]

"Kreuzberger Traum",
Dieter Horn

Bisher ungewohnt ist aber unter anderem, daß verwildernde, „ungepflegte" Orte nicht mehr nur als „ödes" Land und als potentielle Müllablagerungsplätze gesehen werden, sondern zunehmend als reizvolle, gut nutzbare Alternativen zu herkömmlich „gepflegten" Grünanlagen erkannt und diesen bisweilen schon vorgezogen werden.

In diesem Wandel der Wertschätzung eröffnet sich eine bisher wenig beachtete, neuartige Möglichkeit, auch in städtischer Umgebung sinnliche, archetypische Qualitäten zu empfinden, wie sie sonst nur dem Erlebnis naturnaher Landschaften vorbehalten sind. Eine unbezweifelbare Anziehungskraft geht von solcher Neuartigkeit aus, die, „...unabhängig von deren intrinsischem (inhaltlichem) Wert, früher oder später Nachahmung hervorruft. Individuen sind nicht mehr mit ihrer gewohnten Welt zufrieden, nachdem sie einen flüchtigen Eindruck von ungeahnten Möglichkeiten gehabt haben. Angesichts des Neuen wird das Alte unerträglich."[6]

Träger dieses Wertewandels, des Neuen, sind zunächst nur wenige, nur eine kleine Gruppe: „Mit aller Wahrscheinlichkeit werden Innovationen im künstlerischen und wissenschaftlichen Bereich und in der Welt der Mode von autonomen Individuen in Gang gebracht. Solche Leute lehnen das von der Gruppe akzeptierte, schafartige Herdenverhalten ab. Ihre Initiativen erscheinen kühn, ihre Lösungen neuartig und originell, sie befreien von den eingefahrenen Methoden, die das Verhalten anderer einschränken."[7] So lohnt die Beachtung jener kleinen, autonom denkenden und handelnden Gruppen, will man Trends von Entwicklungen und daraus resultierende Aufgaben frühzeitig erkennen.

Spiegel der Zeit

Doch was sind Tonfolgen und Schlachtordnungen, Röcke und Reglements, Vasen und Versmaße, Dogmen und Dachformen anderes als geronnene Zeitphilosophie?

EGON FRIEDELL

Charakteristisch für ihre Zeit ist die Naturauffassung, eine geistige Haltung des Menschen zur Natur, die er in der Regel mit den Angehörigen einer Gruppe oder einer Gesellschaft — als eine Reflexion auf den gemeinsamen Umgang mit der Natur — teilt.[8]

Schöpfungen der Gartenkultur verschiedener Epochen spiegeln wechselnde Naturauffassungen wider: als eine Form angewandter Kunst wird gestalteter Freiraum, architektonischen Werken ähnlich, zum Erlebnisraum des Menschen und hat als solcher Anforderungen zu erfüllen, die sich im Wandel der Zeit ändern und ihm damit immer wieder neue Aufgaben zuweisen: „Jedem Zeitalter ist eine eigene Aufgabe der Bewältigung des Freiraums gestellt. 'Gartenkunst' gab es immer, ob wir auf Ägypten zurückblicken, auf Persien, Griechenland, Arabien, die Menschen der Renaissance oder des Barock, ein Anspruch an den Freiraum bestand immer, war aber jeweils ein anderer als unsere heutigen Erwartungen. — Ideen und Sehnsüchte wirken fort, die Formen ändern sich.

Der Mensch sucht bewußt oder unbewußt das verlorene Paradies wiederzugewinnen."⁹

Mehr als je zuvor unterscheiden sich aber heutige Ansprüche an Freiräume von früheren, denn nie gab es weniger naturnahe und mehr monotone Kulturlandschaften als heute. Naturlandschaften im eigentlichen Wortsinn sind nahezu verschwunden. Sucht man in unserer Zeit ein „verlorenes Paradies" wiederzugewinnen, so bedeutet das wohl, daß man vermehrt „natürliche", an ursprüngliche Wildnis erinnernde Erlebnisräume sich dort entwickeln läßt, wo menschliche Eingriffe stattgefunden haben, wobei man aber deren historische Bezüge nicht leugnet, also anthropogene Relikte beläßt und sie natürlichen Verwitterungsvorgängen, der Alterung und Sukzession, eben der Verwilderung, aussetzt und auf diese Weise solche Flächen im Laufe der Zeit wieder „wild" werden läßt.

Bei dem heute zu beobachtenden Hang zur Verwilderung handelt es sich nicht „nur" um ein sentimentales „retournons à la nature", geht es nicht darum, „fruchtbar bebautes Land zugunsten einer nur idyllischen Wildnis zurückzudrängen", wie Sedlmayer in seinem „Verlust der Mitte" bedauert, sondern er impliziert die dringende Notwendigkeit,

Menschliche Glücksvorstellungen waren immer eng mit Assoziationen von Gärten oder Freiräumen verknüpft. So haben sich die Wünsche des Menschen nach seiner idealen Umgebung in früherer Zeit in der Ausmalung eines „Paradieses" manifestiert, welches oft als begrenzter oder umfriedeter Garten oder Hain dargestellt wurde. (Der Ursprung des Wortes „Paradies" — im Altpersischen *pairidaeza* — bezeichnet einen von Mauern umschlossenen Garten.)

bestehende ökologische Ausgleichsflächen zu erhalten und neue zu gewinnen. Der Vorwurf, eine Liebe zu verwildernden Orten entspreche einer atavistischen Strömung, ist also ungerechtfertigt, kann doch ein Blick auf die Vergangenheit zur Quelle für die Zukunft werden.[10] Die Intensität der Rückorientierung muß allerdings als Gradmesser für die Wertschätzung des Verlorenen angesehen werden.

Interesse an den Ursprüngen

Sind es derzeit auch noch wenige, die ihre Ansprüche an den Freiraum als ungewöhnlich radikalen Wunsch nach verwilderten Erlebnisräumen („Wildnisgärten", „Spontangärten") formulieren, so weist dies dennoch bereits auf ein intensiv und bewußt erlebtes Fehlen derartiger Strukturen in unseren Siedlungen und ausgeräumten Agrarlandschaften hin, haben Wünsche doch oft Komplementärcharakter zur Realität, indem sie ausdrücken, was fehlt, was man nicht hat.

Ein Interesse an den Ursprüngen läßt zudem einen darüberhinausgehenden „Hang zur Verwilderung" erahnen, der vielleicht, begründet in der Entfremdung des Menschen durch „moderne" Lebensweisen, die Suche nach dem „Woher", nach archaischen, archetypischen Lebensumständen auslöst.

Für Bollnow ist ein Interesse an der ursprünglichen Herkunft des Menschen eine romantische Haltung, die Bevorzugung der zu den Ursprüngen heimkehrenden Bewegung, der Weg zu den unbewußten Gründen der Seele, die ihren Sinn aus der Heimkehr, jener Gegenbewegung bezieht, der eine große ausgreifende Bewegung in die Fremde — eine Entfremdung — vorausgegangen ist.[11]

So bringt eine von natürlichen Abläufen entfremdete Zivilisation heute als Gegenausschlag „...eine Betrachtung gestalteter Räume unter dem Aspekt des Mythischen und Archetypischen hervor."[12] Kritische Stimmen behaupten mittlerweile, diesem gegenwärtigen Trend hafte ein „Flair des Modischen" an, sie sprechen abwertend von einer „Mode des Sinnenkultes".

Doch „...mit dem Begriff einer 'Modewelle' tröstet man sich meist dann, wenn man unfähig oder zu bequem ist, dem Sinn des Geschehens nachzuspüren. Selbst im ursprüngli-

chen Sinn, also bei Bekleidungs- oder Konsumgütermoden, handelt es sich fast immer um das Eindringen neuer Ausdrucksformen und Ideen, und wie bei jeder Neuerung bedarf es zuerst einer gewissen Übertreibung und 'Kampfstimmung', um das Neue durchzusetzen — ob das nun die Lockerung gewisser Gewohnheiten und Tabus (kurze Röcke, Oben-Ohne-Baden) oder viel tiefer greifende Wandlungen (wie sexuelle Liberalisierung, Frauenemanzipation...) betrifft."[13] Schließlich läuft eine solche Modewelle aus. Die von ihr transportierte Innovation ist integriert, was einmal Neuheit und Mode war, zur unauffälligen Selbstverständlichkeit geworden.

So müßte unsere Aufmerksamkeit darauf gerichtet sein, was und wieviel von einer aktuellen Modewelle zum festen Bestandteil der Kultur werden wird, also übrig bleibt, wenn die Welle verlaufen ist, und wovon wir möchten, daß es überdauert![14]

„Der Morgen II",
Eduard Angeli

Illusion archetypischer Wildnis

Verwildernde Szenen ermöglichen sensiblen Menschen Assoziationen der Wildnis, sie lassen alte Mythen anklingen, Träume erstehen und die Herkunft des Menschen erahnen. „Die Entdeckung des archetypischen Hintergrundes (der ursprünglichen Wahrnehmungs- und Handelnsbereitschaften des kollektiven Unbewußten) vermitteln uns ein Gefühl der Ursprünglichkeit."[15]

„Als Reservate des Enthusiasmus helfen uns Archetypen, an die Welt zu glauben, die Welt zu lieben, unsere Welt zu erschaffen: Sie vermitteln uns eine wilde Freude."[16]

Betritt man vorurteilsfrei ein schon seit längerer Zeit verwilderndes Areal und ist man bereit, sich den Wirkungen dieses Ortes zu öffnen, seinen Charakter zu erspüren, so mag diese wilde Freude am archetypischen Bild der Wildnis aufsteigen. Einer Wildnis, die in der heutigen Kulturlandschaft kaum noch existiert, denn erst an den Grenzen menschlicher Zivilisation und für den heutigen Menschen schon kaum mehr erreichbar, tut sich wirklich unberührte Landschaft auf, die nicht mehr nach menschlichem Gestaltungswillen geformt ist.[17]

„Von der öffentlichen Meinung oft noch als häßlich abgetan, gönnt es dem naturentwöhnten Städter eine Atempause, die ungebrochene Kraft der Natur in verwilderten Hecken, Büschen und Zäunen wie in den Tagen seiner Kindheit zu sehen."[18]

Ähnlichen Entstehungsprinzipien unterworfen, kann ein verwildernder Ort als „Illusion der Wildnis" entspannend wirken und hin und wieder die Flucht von dem allgegenwärtigen Druck schlechter Gestaltung gewähren.

Kontrast

Bewußt gesetzte, deutliche Kontraste galten schon immer als wirkungsvolles Mittel der Gestaltung gelungener Freiräume. „Der Dichter wirkt bekanntlich durch den Kontrast. Warum sollte es nicht auch der Gartenkünstler tun? Natürliche Landschaft und architektonischer Garten — dieser Gegensatz brachte in Italien und Frankreich die großartigsten Wirkungen hervor."[19]

Damals, in einer Vergangenheit, die noch über weite Flächen „natürlicher" Landschaft verfügte, konnte großer Reiz erzielt werden, indem der äußeren „wilden" Umgebung strenge, „architektonische", also kontrastierende Gärten und Parks entgegengesetzt wurden.

Heute, in einer Zeit, die kaum noch kleinteilige Kulturlandschaften aufzuweisen hat, deren Landschaften geprägt sind vom Vielfältigkeit reduzierenden „Sachzwang Maschine", wo Monotonie das Bild beherrscht und neue landschaftliche Strukturen (z. B. Windschutzhecken unter rechten Winkeln) oft ohne Rücksicht auf das Relief, geometrischen Rastern ähnlich, das Land überziehen, müssen Kontrastwirkungen durch andere als geometrisierende Strukturen hervorgerufen werden.

Wirkungsvolle Gegensätzlichkeit kann in wilden oder verwildernden Arealen erlebt werden. Darum üben diese stärker denn je zuvor große Anziehungskraft auf den Menschen aus und vermögen ihn in ihren Bann zu ziehen.

ÄSTHETISCHE EIGENQUALITÄT DER VERWILDERUNG

Weit hinausgehend über eine bloße externe Kontrastwirkung verwilderter Areale in bezug auf einen sie umgebenden zivilisatorischen Ordnungsüberschuß, entfalten sich selbst überlassene Freiräume vor allem eine Vielzahl reizvoller interner Eigenschaften: Sie strahlen eine spezifische Stimmung aus, evozieren mit ihren Überresten alter Bauwerke die Lust am Verfall, bieten malerische Schönheit, Überraschungen, Vielfalt und sinnliches Erleben. Reiz erwächst aus ihrer permanenten Veränderung, das lebhafte Licht- und Schattenspiel trotzt der Gewöhnung, die Veränderbarkeit eröffnet den Nutzern Möglichkeiten, sich zu betätigen und die verwildernden Orte nach Laune für sich zu deuten.

Stimmung

Jeder „...Raum hat seine bestimmte Stimmung ... kann heiter, leicht, düster, feierlich sein, und dieser Stimmungscharakter überträgt sich dann auf den darin weilenden Menschen"[20], dessen ursprüngliche Seinsart die Stimmung ist, jene Befindlichkeit, die die Welt noch vor dem theoretischen Verstehen erschließt und einen Sinnzusammenhang eröffnet.

Diese ursprüngliche Seinsart des Menschen, „...mit Umwelteindrücken verbundene Stimmungen, Assoziationen, Gefühle und Werthaltungen — also semantische Aspekte des Raumerlebens — beeinflussen die ästhetische Wirkung von Umweltstrukturen, aber auch die Wahrnehmungsleistung selbst."[21]

So prägen — je nach Sonnenstand und Wetter wechselnde — aber immer dichte, malerische Stimmungen verwildernde Freiräume. Lichteinfall und Jahreszeit können Variationen zaubern, die von leichter, heiterer bis zu morbider, düsterer und melancholischer Stimmung reichen können.

Gerade in dieser Stimmungsdominanz verwildernder Orte und ihrer Wechselhaftigkeit ist eine Verwandtschaft mit dem „romantischen Landschaftstypus" zu suchen. Ähnlich wie dieser werden auch Verwilderungsflächen „...gefühlsmäßig erfahren, voll direkter Anteilnahme, die wichtiger ist als die Abstraktion von Elementen und Ordnungen."[22]

Blick auf das „Belvedere" des Palatin, Gian Paolo Panini

Die Ideen, die Ruinen in mir wecken, sind groß.

DENIS DIDEROT

Die Lust am Verfall

Sich selbst überlassen, verfällt das Menschenwerk dem Zugriff der Natur, verwittert, Relikte bleiben zurück, Ruinen entstehen. Zerstörung wird kunstwürdig und zu einer Metapher der Vergänglichkeit. Als Sinnbilder des Verfalls werden Ruinen zu Stimmungsträgern elegisch-sentimentaler Gefühle und „...rufen oft eine Art von melancholischer Euphorie hervor, insbesondere dann, wenn man sie allein aufsucht."[23] Die Trümmer der Artefakte können eine Idealisierung bis hin zu einer rückwärtsgewandten Utopie erfahren.

Ohne feste Zuordnung sind Ruinen „herrenlos", sie berichten von verfallener Herrschaft und Repräsentation, ihre Anziehung mischt sich mit beängstigender Abstoßung, ihre Geschichte erinnert zugleich an die individuelle Historie, ist aber auch Verfallsgeschichte: Zivilisation wird immer als Zerstörte überliefert.[24]

Als „...jene Form der Architektur, die dem organischen Naturzustand am nächsten kommt"[25], bringt die Ruine in ihrem Verfallsprozeß die Vergänglichkeit künstlicher, vom Menschen geschaffener Bauwerke zum Ausdruck. Im Gegensatz dazu wirkt eine immer wieder „aufbauende" Natur durch ihre kontinuierliche Bildung von Biostrukturen verjüngend; die malerische Überwucherung gebauter Strukturen ist der Verwilderung immanent und typisch für sie.

Das fortgeschrittene achtzehnte Jahrhundert zeigte sich von verfallendem Bauwerk so fasziniert, daß selbst dort, wo keine Ruinen zu finden waren, künstlich Reste gebauter Strukturen bewußt in Parkanlagen installiert wurden, ein Phänomen, das unter dem Namen „Ruinenromantik" in die Geschichte eingegangen ist und die Anziehungskraft und Faszination, die der Verfall auf Menschen ausüben kann, eindringlich schildert. „Im Dualismus Kunst und Natur kämpfen Romantiker gegen eine Fortschrittsgläubigkeit, die allein auf Kosten der Natur geht, setzen dagegen die alles überwuchernde Naturmacht und den unaufhaltsamen Verfall."[26]

> Die Welt wird dadurch gelenkt, daß man den Dingen ihren Lauf läßt.
>
> LAO TSE

Den Dingen ihren Lauf lassen...

Nicht allein das 18. Jahrhundert und die Romantiker zeigten sich fasziniert von Verwilderung. Ihre Phänomene hatten und haben anregende Wirkung, wurden und werden — insbesondere gegenwärtig — zu zentralen Inhalten der Werke von Malern, Bildhauern, Architekten, Modemachern, Regisseuren, Schriftstellern, Philosophen und Lebenskünst-

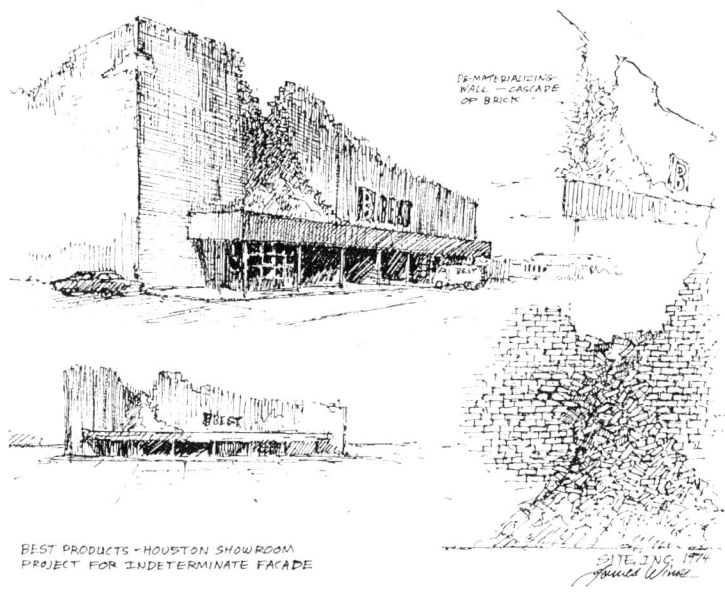

Indeterminate Facade, James Wine (SITE)

Auch die Mode zeigt einen Hang zur Verwilderung...

lern, auf die, neben dem Vergänglichkeitsgedanken, auch Gleichförmigkeit und Monotonie auslösende Aspekte der Verwilderung großen Reiz ausüben, da diese zur Befreiung aus starren Formen führen, Erinnerungen an unsere Ursprünge erwecken und Lust am Verfall zulassen.

Eine „offene" Architektur — mit drastischer Zersetzung des üblichen Kubus moderner Bauten — liegt auch der New

Yorker Künstler- und Architektengruppe SITE (Sculpture In The Environment) am Herzen.

Die „Indeterminate Facade" des Einkaufszentrums BEST in Houston prägen selbstbewußt facettenreiche Züge des Verfalls: „Inmitten einer monotonen Architektur avancierte der Bau durch die ausgefranste Kontur und den Katarakt von Ziegelsteinen zur Publikumsattraktion. — Gegen die Eindeutigkeit und Abgeschlossenheit der Architektur zeigt dieser Bau Mehr- und Vielschichtigkeit."[27]

"My 'monument' is a series of cartoons showing the destruction of facism, illustrated by the Ministry of Truth (the pyramidal building in 1984), by the forces of freedom. The nine drawings complete a never ending cycle."[28] Der Grad der Funktionalität bzw. der Dysfunktionalität eines Gegenstandes hängt von der Stärke und vom Ausmaß ordnender Kräfte ab. Diese haben immer die Tendenz, Spielräume und Möglichkeiten für neue und ganz andere Formen von Ordnung zu vermindern. Eine Gegenkraft, welche Dysfunktionalität wachsen läßt, ist der Alterungsprozeß.[29]

Spuren der Verwilderung und die poetische Stimmung einsamer, seit langem sich selbst überlassener Gelände verleihen den Handlungsorten der Filme „Stalker" (1979) und

„Monument of Free Speech at Speakers' Corner", Amanda Marshall

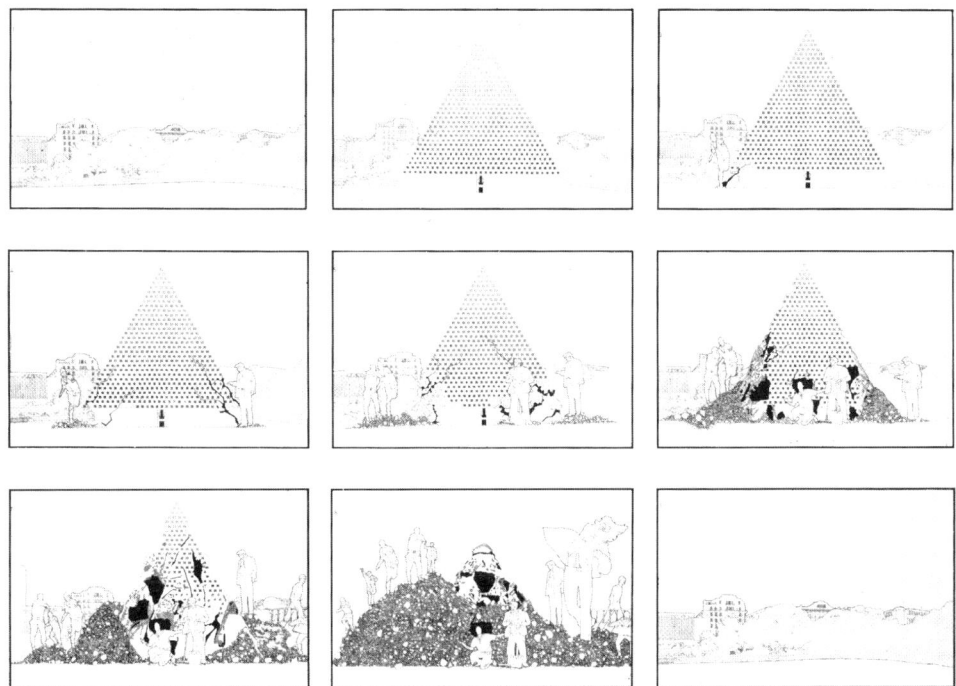

„Stalker",
Andreij Tarkowskij

„Nostalgia" (1982) des russischen Regisseurs Andreij Tarkowskij intensives Leben. In der „Zone" — einem tabuisierten Gebiet voller verwitternder Gemäuer, rostender Bahnanlagen und stimmungsgeladener ruderaler Vegetation — werden die Darsteller mit Unbekanntem, Symbolträchtigem, Überraschendem konfrontiert und — initiationsähnlich — in ihrem Innersten gewandelt.[30]

Ein schlichtes Gestrüpp mit der leisen Ahnung eines Weges und einer Lichtung im Hintergrund ist für Dieter Appelt mythischer Ort — geeignet „Erinnerungsspuren auszulegen" und damit ein Werk zu realisieren, das in unserem Tagesbe-

„Raumsituation",
Udo Idelberger

wußtsein verschüttete Zusammenhänge auf dem Umweg über heraufbeschworene Bilder und Vorgänge wieder aufschließen soll. Denn „...mythische Phantasie ist kein bloßes Schmuckstück, das wir nachträglich dem Bild der Wirklichkeit hinzufügen, sondern sie ist eines der notwendigen Organe für die Erfassung der Wirklichkeit selbst."[31]

„Erinnerungsspur", Dieter Appelt (Performance — Italien 1978)

Malerische Schönheit

Als malerisch bezeichnet man Formgebungen, die nicht von klaren linienhaften Umgrenzungen und plastischer Selbständigkeit der dargestellten Gegenstände ausgehen, sondern sie im Erscheinungszusammenhang mit Licht und Raum sehen, so daß der Körper seine Tastbarkeit, der Umriß seine Linearität, die Farbe ihre scharfe Grenze verliert. Dieses malerische Prinzip kennzeichnet Verwilderung als organisch wirkende, biologisch initiierte Formgebung. In der auf-

Museumsinsel, Ost-Berlin

gebrochenen Starrheit der tektonischen Form gründet die malerische Schönheit von Ruinen: „Indem Risse und Löcher entstehen und Gewächse sich ansetzen, entwickelt sich ein Leben, das wie ein Schauer und Schimmer über die Fläche hingeht. Und wenn nun die Ränder unruhig werden und die geometrischen Linien und Ordnungen verschwinden, kann der Bau mit den frei bewegten Formen der Natur, mit Bäumen und Hügeln eine Bindung zu einem malerischen Ganzen eingehen, wie sie der nicht-ruinenhaften Architektur versagt ist."[32]

Gerade aus dem Gegensatz harter, kristallischer Baukörper zu weichen, organischen Formen erwächst eine innere Spannung, die beide in ihrer Kraft steigert[33] und „...die Ruine zum idealen Requisit des Malerischen"[34] werden läßt.

Vielfalt und Überraschung

Ähnlich „romantischen" Landschaften scheinen sich verwildernde Areale als „...veränderliche und ziemlich unbegreifliche Welt zu offenbaren, wo Überraschungen an der Tagesordnung sind."[35] In ihrer Komplexität sind sie nicht auf einen Blick überschaubar, bieten immer wieder Überraschungen, die oft nur entdecken kann, wer direkt vor diesen steht. Die Vielfalt des Bodenreliefs, der räumlichen Einheit, der malerischen Artefakte und das Licht- und Schattenspiel bewirken, daß auch relativ kleine Gebiete von Geheimnisvollem erfüllt sind und zu einem Abenteuer des Entdeckens werden können.

Sinnliche Qualitäten

Immer in Veränderung begriffen, mit wechselnden Stimmungen und ununterbrochen variierendem Lichteinfall bewirken verwildernde Areale eine dauernde Reizung der Sinnesorgane: In der stehenden Luft eines schon von höheren Gehölzen umgebenen Verwilderungsareals verströmen blühende Gräser, Stauden und Gehölze intensiven Duft, „...lassen sich die Sinnesfähigkeiten — Riechen, Sehen, Schmecken, Fühlen, Hören — besonders gut üben, läßt sich genaues Beobachten und wirkliches Wahr-Nehmen wieder lernen."[36]

Je reicher die Entfaltung an Motiven ist, je schwieriger die Wirkungsformen abzulesen sind, auf denen der Zusammenklang beruht, um so mehr sind wir geneigt, von einer malerischen Wirkung zu sprechen.

HEINZ WETZEL

„Ruinen der Wasserleitung des Nero", Georg Busse (1843/44)

37

Durch das Heranwachsen von Hochstauden (Nachtkerzen = *Oenonthera*) entstehen differenzierte Räume.

     Unterschiede der Gehölzentwicklung und des Lichteinfalls zu verschiedenen Tageszeiten verleihen Teilräumen verwildernder Bereiche — herkömmlichen Freiräumen ähnlich — wesensverschiedene Attraktivität, je nachdem ob sie besonnt und warm, oder eher schattig und kühl sind. Ausschlaggebend sind die Phänomene des Lichts, jenes allgemeinsten, doch am wenigsten dauerhaften Naturphänomens, das vom Morgen bis zum Abend sich laufend verändernde Verhältnisse schafft. „Und wie Licht während des Tages, so erfüllt Finsternis während der Nacht die Welt. Daher ist Licht eng mit den Zeitabläufen in der Natur verknüpft."[37]

Licht verwandelt, pointiert, modelliert — kann auch trügen. Dem menschlichen Auge wird es durch Farbe und plastische Erscheinung der Form sichtbar. Im Freiraum als Dimension erlebbar, wird Licht vor allem durch den Himmel bestimmt. Der Ausschnitt des Himmels, der vom Menschen aus wahrgenommen werden kann, ist seinerseits von der Art der herrschenden Vegetation und ihrer charakteristischen Schichtung abhängig. Eine vegetationslose Fläche, eine gemähte Wiese, auch Rasen von großer Ausdehnung, weisen dem Himmel die Gestalt eines Gewölbes zu. Wald und diesem oft ähnliche, reifere Stadien der Verwilderung erlauben nur noch den Blick auf kleine Himmelsausschnitte zwischen den Konturen der Bäume.

Die Entstehung differenzierter Räume von unterschiedlicher Ausdehnung, vor allem durch pflanzliche Sukzession, und die durch sie bewirkte Änderung der Vegetationsschichten ergeben ständig variierende, kleinräumige Ansätze für ein lebhaftes Licht- und Schattenspiel, wie es zum Beispiel die impressionistischen Maler liebten, etwa wenn Gegenlicht eine Szene umspielt und ihr Farbenglut verleiht.

Meditation

Wie jedes andere gute Gestaltungsmittel kann Verwilderung auch einen wichtigen *poetischen Sinn* erfüllen, nämlich als Anregung, über noch nicht erfaßte Dimensionen der Welt zu reflektieren, Probleme, denen sich unsere Zivilisation gegenübersieht, für sich zu verdeutlichen.

Erkenntnis wartet auf den Heimkehrer aus der Wildnis.

Hans Peter Duerr

Eine Atmosphäre, die dem Menschen Konzentration auf sich selbst erlaubt, ist Voraussetzung für meditative Versenkung. Durch die Möglichkeit, sich innerhalb der kleinräumigen Vielfalt verwildernder Areale zurückzuziehen, ja sich darin zu verlieren, und dadurch, daß sie zur Reflexion anregen, können Verwilderungsflächen für jene Meditationstechniken, die bewußt die Sinnesorgane und bildliche Vorstellungen einbeziehen, als sichtbare Form — „Mandala" —, als „Konzentrationskerne" der Meditation dienen. Wenn schließlich Baumgestalt und Baumwesen kaum mehr wahrgenommen werden, die Einzelform sich auflöst und die Blätter der Bäume nur mehr als Flimmern von Licht und Schatten empfunden werden, ist meditative Stimmung aufgekommen.

Märchen

Der Wald — Endphase der Verwilderung — ist Handlungsort vieler Märchen: Der Wald, der tiefe Wald, den noch niemand durchquert hat; der Wald, an dem die Welt endet...[38]

Ähnlich romantischen Landschaften können verwildernde Areale emphatisch empfindenden Menschen als von allerlei mythischen, märchenhaften Bewohnern belebt erscheinen. Angesichts mancher verwilderter Gärten oder Parks drängen sich Assoziationen zu Märchengestalten und deren Lebensraum auf: baumbestandene Einheiten, mannshohes Gras und Kräuter, knorrige Wurzeln, irgendwo verfallende Überreste einer Mauer, ein altes Tor, vielleicht ein einfacher Betonring, vom letzten Regen noch wassergefüllt — warum sollte es sich nicht um Froschkönigs Brunnen handeln, die rankende Rose am alten Gemäuer der Weg zu Dornröschen oder die Liane der Waldrebe nicht ein Hinweis auf Tarzan sein?

„Im Märchen, wie auch in der mittelalterlichen Ritterdichtung, wachsen Held oder Heldin im Wald auf. Oft müssen sie ihn auch betreten: In ihm begegnen sie wunderbaren Kräutern, tierischen und übermenschlichen Wesen, die sie das Geheimnis ihrer späteren magischen Fähigkeiten lehren... In indischen Religionen wird das ganze Universum als heiliger Forst verstanden, durch welchen das Bewußtsein des einzelnen Wesens seinen Schicksalsweg 'zur Lichtung' zu finden versucht"³⁹. Der Wald, der noch in unserer nahen Vergangenheit große Teile der Erdoberfläche bedeckte, ist im Märchen das Bild der Welt, in die der junge Mensch „auszieht", um deren Geheimnis zu ergründen. Voller Gefahren,

die höchstens aus den Erzählungen der Eltern bekannt sind, enthält der Märchenwald aber für den, der seinen Weg zu gehen weiß, die Erkenntnis der Lebensfreude, und durch den Wald gelangt, findet der Märchenheld die Geliebte, die ihm Glück, manchmal auch die Königskrone bringt...

C.G. Jung und sein Forscherkreis sehen im Traum die Darstellungen eines „innerseelischen" Dramas. Märchen und Mythos sind ihnen dabei die „via regia" zur Erkenntnis des „kollektiven Unbewußten", ein Versuch der Erhellung der

„säkularen Wunschträume" der Menschheit. Denn „...Mythen, Archetypen, Symbole und Zeichen können verstanden werden als spurenhafte Zeugnisse der Herkunft des Menschen, seiner Entwicklungs- und Wachstumsgeschichte und somit auch als Energiequelle zur Belebung verschütteter intuitiver Kräfte. Diese wiederum dienen zur Erweiterung des

auf seine rationalen Fähigkeiten verkürzten Bewußtseins, mithin der Ergänzung des kristallinen — auch todbringenden — Denkens. ...Was zählt, ist die seelisch-spirituelle Energie des Mythischen für den Menschen der Vergangenheit und ihre potentielle Zündkraft für die Zukunft."[40]

Mit der Vergrößerung der Ballungsräume sind Wälder aus der unmittelbaren, vor allem fußläufig erreichbaren Umgebung der Städtebewohner verschwunden. Den „Wald der

Wunder", diesen Ort der Initiation und der Erkenntnis, gibt es also kaum mehr als Erlebnisbereich der Nahumgebung. Verwildernde Areale können hier Ersatz für Verluste derartiger psychophysisch notwendiger natürlicher Ressourcen darstellen und einige Funktionen übernehmen. Erfahrungen bewältigter Gefahr, der Initiation und des Wissens um das geheime Wesen der Natur ließen sich auch hier machen.

Hexengarten

Und „...wer von uns erinnert sich nicht an die Mischung aus Staunen und Entsetzen, die er als Kind empfand, als er zum ersten Mal in seinem Leben ein Märchen von Grimm oder H. C. Andersen hörte, das von einer Hexe erzählte, die in einer abgelegenen finsteren Hütte lebte, inmitten eines verwilderten Gartens, wo Gift- und Zauberpflanzen mit alten, knorrigen Bäumen um die Wette wucherten,"[41] erinnert sich nicht an Märchen von Hexen, die ihre Kräutlein entweder an den Stellen sammelten, wo sie wild wuchsen, oder diese heimlich an verborgenen Plätzen anbauten.[42]

Hansens Hexe ist im wesentlichen eine Kräuterhexe, in deren Garten Alraune *(Mandragora officinarum)*, Binsenkraut *(Hyoscyamus niger)*, Eisenhut *(Aconitum napellus)*, Schierling *(Conium maculatum)*, Stechapfel *(Datura stramonium)* und Tollkirsche *(Atropa belladona)* wuchern. — Ihre Kenntnisse weisen Hexen als Eingeweihte in alte Naturweisheiten aus, sie kannten die „magischen" Wirkungen von Kräutern, wußten als frühe „Pharmazeutinnen" bewußtseinserweiternde „Flugsalben" zu mischen, die heute noch Rätsel aufgeben: In richtiger Dosierung sollten sie Erlebnisse des magischen Flugs bescheren.

Das Rezept einer Flugsalbe, von Hansen wiedergegeben,[43] zählt ihre Bestandteile auf, von denen, bis auf die wenigen, gekennzeichneten, etwa im Stadtgebiet von Wien, ruderal oder verwildert, alle zu finden sind:[44]

* 1. Wasserschierling, *Cicuta virosa*
  2. Gefleckter Schierling, *Conium maculatum*
  3. Sellerie, *Apium spp.*

Verwildernd wächst *Datura stramonium* in aufgelockerter Erde[45] heran. Der Stechapfel, auch Asthmablätter genannt, wirkt durch seinen Gehalt an verschiedenen Alkaloiden entspannend und fördert bewußtseinserweiternde Erlebnisse.

4. „Eleoselinum", was bedeuten kann:
    a. Wilder Sellerie, *Apium graveolens*
    b. Petersilie, *Petroselinum spp.*
    c. Pastinak, *Pastinaca spp.*
    d. Gemeine Hundepetersilie, *Aethbusa cynapium*
    e. Wasserschierling, *Cicuta virosa*
5. „Sium", was bedeuten kann:
    a. Merk, *Sium spp.*
    b. Ehrenpreis, *Veronika spp.*
   *c. Brunnenkresse, *Nasturtium officinale*
    d. Wasserschierling, *Cicuta virosa*
* 6. Kalmus, *Acorus calamus*
  7. Wasser-Schwertlilie, *Iris pseudacorus*
* 8. Teichrose, entweder
    a. Weiße Teichrose, *Nymphaea alba* oder
    b. Gelbe Teichrose, *Nuphar luteum*
  9. Kriechendes Fingerkraut, *Potentilla reptans*
  10. Aufrechtes Fingerkraut, *Potentilla erecta* (Blutwurz, Tormentillwurzel)
*11. Sturmhut, *Aconitum napellus* (Eisenhut)
  12. Mohn, *Papaver spp.*
  13. Tollkirsche, *Atropa belladonna*
  14. Schwarzes Bilsenkraut, *Hyoscyamus niger*
  15. Schwarzer Nachtschatten, *Solanum nigrum*
*16. Alraune, *Mandragora officinarum*
  17. Stechapfel, *Datura stramonium*
  18. Wolfsmilch, *Euphorbia sp.*
  19. Giftiges Raygras, *Lolium temulentum*
  20. Salat, *Lactuca spp.*
  21. Portulak, *Portulaca sp.*
  22. Pappel, *Populus spp.*
  23. Öl
  24. Weihrauch
  25. Ruß

Schwarzes Bilsenkraut

Man nimmt an, daß einwandernde Nomaden (Zigeuner) aus dem Orient einige der obengenannten Pflanzen, vor allem manche Solanacaeen (wie etwa *Datura stramonium)* und das Wissen um ihren Nutzen nach Europa gebracht haben.

„Als alte 'Hexendroge' und Betäubungsmittel mittelalterlicher Operationssäle wurde das Bilsenkraut früher in Burggärten usw. angebaut."[46] Schwarzes Bilsenkraut *(Hyoscyamus niger)* wird in Eselsdistel-Gesellschaft aufgefunden, einer

Pflanzengesellschaft, die frischen Müll und Schutt besiedelt, stickstoff- und kalkliebend (nitro- und kalziphil) ist.[47] In Wien hat sich das Kraut auf Planierungen, wüsten Plätzen, Brachen, Bahngeländen, auch Äckern verbreitet.[48]

Von den Nomaden eingeschleppt, hat wohl jede Kulturwelle aus dem Osten die lebendigen Beziehungen der europäischen Völker zu den Kräutern der Umwelt erneuert. Denn jede hoch entwickelte Stadtzivilisation — das gilt sicher auch für unsere „Wohlstandsgesellschaft" — bewirkt eine Entfremdung gegenüber der Natur. Die Mitglieder dieser Gesellschaft sind dann gezwungen, das fast unbegreiflich gewordene, in alten Büchern überlieferte Wissen an noch lebendigen Erfahrungen zu überprüfen. — Vielleicht wären verwilderte Areale als „Hexengärten der Gegenwart" dazu geeignet.[49]

Heilkräuter

Neben diesen vielleicht mittelalterlich anmutenden Assoziationen von „Hexengärten" im Zusammenhang mit Verwilderung, stellen Verwilderungsflächen, und unter ihnen besonders die sonnigen Initialstadien, wie auch die ausdauernden, gut belichteten Ruderalstadien, potentielle Wuchsorte für viele Heilkräuter dar. Außerdem findet sich hier eine Vielzahl kulturhistorisch wertvoller Pflanzenarten, auf die wiederum einige Tierarten angewiesen sind.

Wer eine Zusammenstellung von Ruderal-, Segetal- und Adventivpflanzen auf deren Nützlichkeit für den Menschen hin absucht, wird überrascht feststellen, wieviele *Heilkräuter* unter ihnen anzutreffen sind. Verwildernd oder ruderal bevorzugen sie vielfach Lagen, wie sie sonst auf Waldlichtungen, an Säumen und auf Äckern gegeben sind, wo viele dieser Kräuter als „Un-Kräuter" vom Menschen allerdings verfolgt werden, sodaß ihnen nur jene Orte bleiben, die der Mensch nicht oder nicht mehr seinen ordnenden, ökonomischen, landwirtschaftlichen und ästhetischen Vorstellungen unterwirft, also Ödländer, Ruderalflächen und verwildernde Areale.

Verwilderungsflächen stellen also Rückzugsräume für alle diese Lebewesen dar. Deshalb darf es auch nicht mehr als Zeichen der Rückständigkeit oder Unordentlichkeit gewertet werden, wenn die Flora der Ruderal- und Verwilderungsflächen und die zu ihr gehörenden „Unkräuter" üppig wuchern. Sie müssen in ihrem wahren Wert als begehrte Kräuter wiedererkannt werden, spielten sie doch bis zur Verdrängung durch die Erzeugnisse der pharmazeutischen Industrie in der Volksheilkunde eine große Rolle.[50]

Wildgemüse

> Aber zu deinen Füßen ist Leben und im Frühling grünt und sprießt es und manches von den unscheinbaren Pflänzchen kannst du dir für deinen Speisetisch mitnehmen, statt es achtlos mit Füßen zu treten.
>
> MARIA FINDEIS

In den Notzeiten der allerersten Nachkriegsjahre schreibt Maria Findeis eine liebevolle „Anleitung zum Kräutersammeln für die Großstadt"[51] und verdeutlicht die Möglichkeit, viele „Un"-Kräuter als abwechslungsreiche Wildgemüse zuzubereiten. So schickt sie den Städter dorthin, wo Kräutlein ungerufen kommen, jeden Schutthaufen in kurzer Zeit begrünen, zwischen Pflastersteinen sprießen und kein Fleckchen Erde leer und ungenützt lassen.[52] Sie schickt ihn also zum Kräutersammeln an verwildernde Orte, in Ruderalflächen, wobei sie freilich zu bedenken gibt, daß es gerade hier allzu oft nicht ganz appetitlich zugeht, wächst doch Wildgemüse oft auf dem Müll und Unrat einer Wegwerfgesellschaft am üppigsten.

Vor allem im zeitigen Frühjahr (aber auch im Winter) lohnt sich die Suche nach Wurzeln und Blättern mancher Unkräuter, um aus ihnen Suppen und Wildspinat zuzubereiten oder sie Salaten beizumengen:

Acker-Quecke *(Agropyron repens* — als Kaffeersatz), Beifuß *(Artemisia vulgaris* — als Gewürz), Bibernelle *(Pimpinella saxifraga* — Suppe oder Gemüse), Brennessel *(Urtica dioica* — Wildspinat), Gänsefingerkraut *(Potentilla anserina* — zu Wildspinat), Giersch *(Aegopodium podagraria* — zur Suppe), Gundelrebe *(Glechoma hederaceum* — zu Salat), Hirtentäschl *(Capsella bursa pastoris* — Salatbeimengungen), Hopfen *(Humulus lupulus* „Spargelgemüse", Suppe), Huflattich *Tussilago farfara* — Wildspinat, Huflattichwickel), Löwenzahn *(Taraxacum officinale* — Wildsalat), Nelkenwurz *(Geum urbane* — Suppe), Pastinak *(Pastinaca sativa* — Gemüse), Scharbockskraut *(Ranunculus ficaria* — Salatbeimengung), Veilchen *(Viola odorata* — Wildspinatbeimengung, zur Suppe), Vogelmiere *(Stellaria media* — Wildspinat), Wegerich *(Plantago-Arten* — Salatbeimen-

Beifuß

gung), Wegmalve *(Malva neglecta* — Wildspinat), Wiesenknopf *(Sanguisorba minor* — Salatbeimengung, Gemüse), Zichorie *(Cychorium intybus* — Salatbeimengung).

Wildgemüse ist meist kräftiger im Geschmack als „gezähmtes" Gartengemüse, oft wegen der enthaltenen Bitterstoffe und Säuren, doch bei der Zubereitung von Speisen aus ihnen helfen mittlerweile zahlreiche in jüngster Zeit erschienene „Unkraut-Kochbücher" weiter.

Die Sicherung der Existenz von Wildgemüse in einer für Städter erreichbaren Entfernung — also im Stadtraum — erfordert allerdings den Schutz seines Lebensraumes, das Zulassen von Verwilderung in der Stadt.

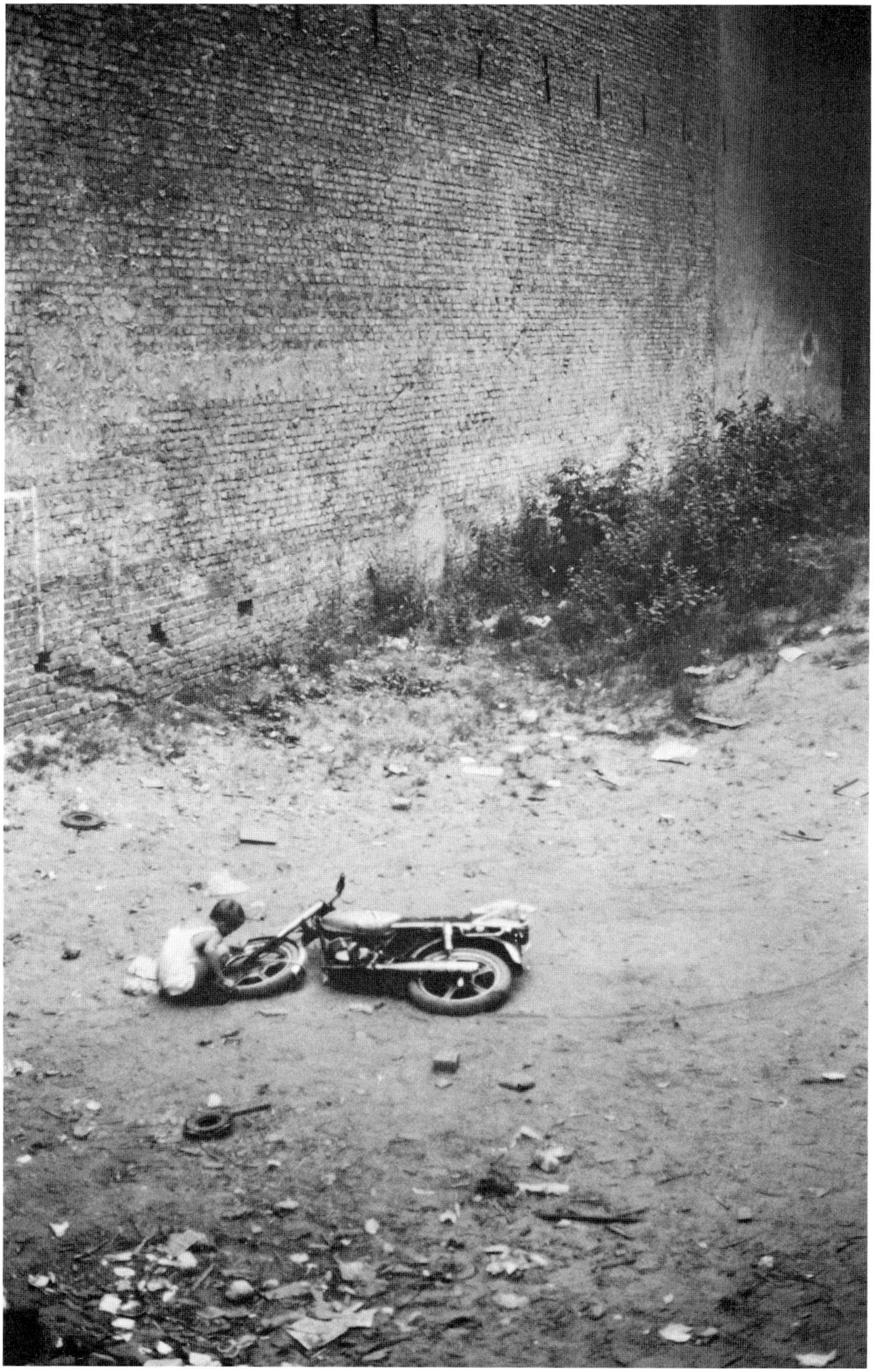

Verwilderungsflächen als attraktive Spielräume

„Kinder legen großen Wert auf die Möglichkeit, selbst ihre Orte zum Spielen zu finden und diese dann auch für sich zurechtzumachen."[53]

Veränderbarkeit und fehlende Kontrolle

Genau diese Qualitäten, nämlich die Möglichkeit sich die Spielorte „zurechtmachen" zu können, bieten verwildernde Areale in ihrer *Veränderbarkeit* und im Fehlen definierter Nutzungen. Sie lösen Aneignungsprozesse aus, die in herkömmlichen Parkanlagen nicht geduldet werden, wie etwa *Konstruktionsspiele* (das Bauen von Hütten, Errichten von Baumhäusern, Graben in der Erde und vieles andere mehr), Spielarten also, die auf Fähigkeiten wie Ausdauer, Konzentration und soziale Kommunikation hinzielen.

Auf eigens für sie ausgewiesenen und normgerecht geplanten Spielplätzen verbringen Kinder nur einen bemerkenswert kleinen Prozentsatz ihrer Zeit, da diese üblichen Spielplätze nur eine eng umgrenzte Zahl von Spielaktivitäten zulassen, und überdies der Großteil (44%) der Spiele wenig kommunikative Einzelspiele sind.[54] So eignen sie sich am ehesten für Kinder mit Begleitpersonen, die das Gelände bequem überschauen können.

Gewöhnlich sind daher die von Kindern am meisten geschätzten Räume jene, die von Planern und anderen Erwachsenen vergessen wurden. Ironischerweise ist oft die Umgebung für Kinder die „beste", die der Macht der Natur überlassen wurde, also verwildert ist. Wobei Kinder von Wasser, Sand und „Schmutz", Bäumen, Büschen und hohem Gras, unterschiedlicher Topographie, Tieren und „Überbleibseln", mit denen gebaut werden kann, sowie „gefundenen" Nahrungsquellen, wie Beeren und Früchten, am tiefsten beeindruckt und fasziniert sind — Qualitäten, die aus neuerrichteten Siedlungsgebieten, die meist nicht zuletzt deshalb bezogen wurden, damit es die Kinder besser hätten, systematisch entfernt wurden.[55]

Ein fortwährender Gebrauch solcher Areale läßt immer neue sichtbare Veränderungen und Spuren entstehen, die

> Tief im subjektiv-positiven Erleben des Kindes verankert, ermöglicht das Spiel als dialogisch-handelnde Auseinandersetzung mit den Gegebenheiten seines Lebensraumes und eigenem Erleben dem Kinde, seine Umwelt zwanglos kennenzulernen und diese Erfahrungen in sein kulturelles Erbe einzu-spielen.
>
> SILVIA BAYR-KLIMPFINGER

Mitten im tiefsten Kreuzberg (West-Berlin), auf dem Gelände des ehemaligen „Anhalter Bahnhofs", finden Kinder auch heute noch ansatzweise jenen „ungeordneten" Zustand, der zu Veränderungen aus eigenem Antrieb reizt, also Aneignung evoziert und es Kindern erlaubt, archetypische Spielmotive — wie etwa das „Hausbauen" — zu verwirklichen.

dann wiederum Signal dafür sind, daß und wie der jeweilige Ort genutzt werden kann: „Nutzungsspuren bilden den Aufforderungscharakter für die Aneignung einer Sache."[56]

Auch die Vegetation bleibt vom Tun der Kinder nicht unbeeinflußt, meist zeigt sie deutliche Zeichen des Gebrauchs (was dann weitere Nutzung nach sich zieht). Raumverändernd schaffen Pflanzen differenzierte Spielräume und werden oft nebenbei selbst zu „Spielzeug". Regenerationsfähige und wuchernde Pflanzenarten nehmen solche Behandlung auch nicht besonders übel. Sie verdienen es, als „Spielpflanzen" bezeichnet zu werden. Auf Abbrechen oder -schneiden reagieren sie, als ob sie „auf-Stock-gesetzt" würden, das heißt mit kräftigem Austrieb von unten (Strauchweidenarten, Holunder, Haselnüsse u.a.).

Ein Teich mit Gestrüppstreifen hat sich in einem Spandauer Neubaugebiet (West-Berlin)[57] zum beliebtesten Spielgelände der Kinder entwickelt. Das „unordentliche", verwilderte Gebiet wird von ihnen liebevoll „Wüste" genannt. Derartige „wilde" Orte „...sind wenig reglementiert und kontrolliert, was insbesondere von älteren Kindern und Jugendlichen geschätzt wird, die hier ihre 'geheimen Orte' einrichten können und interessante, abwechslungsreiche Spielgebiete vorfinden, die sie selbst verändern können."[58]

Um unzureichend „versorgte" Wohnumgebungen zu verbessern, sodaß diese auch dem Tatendrang von Jugendlichen Anreiz, Vielfalt, Veränderbarkeit und Robustheit bieten können, ließen sich „betreute Abenteuerspielplätze"[59] einrichten, die zu einem gewissen Grad auch die Bedürfnisse der Kinder treffen, für den Großteil der Kinder aber, die etwa in Vorortesiedlungen leben, kann eine Betreuung dieser Art derzeit nicht zur Verfügung gestellt werden: Weniger kostspielig und in vieler Hinsicht eine bessere Alternative wäre es daher, Verwilderungsflächen für diesen Zweck zu erhalten.[60]

Wünschenswert wäre die unmittelbare Nähe verwildernder Orte zur Wohnumgebung, um dort ständig Aufforderung zum Spiel als wichtigem Teil des Lebens — nicht nur der Kinder, sondern mehr und mehr auch der Erwachsenen — zu sein. „Die Welt der Kinder sollte nicht getrennt von der Welt der Erwachsenen sein, ein gesunder Lebensraum für alle, so gestaltet, daß Kinder und Alte darin wieder Platz, Bewegungsmöglichkeit und Stimulation finden. Denn nur, wo die Welt des Kindes und die der Erwachsenen einander durchdringen, können spielerisch die vielen kleinen Lebenserfahrungen gesammelt werden, die für die geistige Entwicklung des Kindes von größter Bedeutung sind."[61]

Als von Kindern am meisten geschätzte Areale sind Verwilderungsorte oftmals nicht bewußt, sondern mehr oder weniger durch Zufall entstanden. Städte- und Landschaftsplaner sollten solche kleinen Räume in Wohnumgebungen ungeplant belassen, sodaß bewußt ein Zwischending von Naturschutzgebiet und Ödland entstehen kann. Eine Forderung, die zunächst für viele Landschafts- und Erholungsplaner sehr hart zu akzeptieren sein und ihrer Berufsauffassung zuwiderlaufen mag.[62]

Artenreiche stimulierende Vielfalt

Einladender Schatten unter einem Götterbaum, der dem archetypischen „Hausmotiv" entsprechend seine Äste ausbreitet und spielenden Kindern die geeignete Inszenierung für ihre *Rollenspiele*, für eine „Als-Ob-Haltung" liefert. In diesen Spielvarianten läßt sich „...ein Experimentieren des

Von solchen archteypischen Situationen fühlen sich Kinder instinktiv angezogen („Denzelgründe", Wien)

Kindes mit seiner sozialen Position erkennen[63], „...das Kind beginnt, sich in seinen mannigfachen sozialen Wirkungsmöglichkeiten durch das Versetzen in verschiedene Rollen zu erleben und zu erproben".[64]

Wie sich aus Spielversuchen auf der Naturspielanlage „Gspöttgraben" in Wien ableiten ließ,[65] beruht die Beliebtheit verwildernder, bzw. naturnaher Orte — neben der Veränderbarkeit — auf „...der räumlich differenzierten, attraktiven Ausstattung und Gliederung des Spielterritoriums und der Mehrfachnutzbarkeit der Raumteile, die der Verschiedenartigkeit sowie der Spontaneität im Spiel, der Spielinvention, der Raumexploration, der Rekreation, der raumteilübergreifenden Spielbereichsbildung, dem Wechsel der Aktivitäten, der sozialen Kontaktaufnahme und der Gruppenbildung breiten Raum gewähren."[66]

„Man weiß, wie sich 'Gstettn' zum Erlebnisraum, zum artenreichen, stimulierenden Abenteuerspielplatz entwickeln, wo innerhalb weniger Jahre eine reiche Ruderalflora wuchert, wo Kinder vom Marienkäfer bis zum Tagpfauenauge, vom Ailanthusspinner bis zum Laufkäfer alles finden."[67]

In ihrer stimulierenden Vielfalt lassen verwilderte Areale *Bewegungsspiele* zu, wobei Können erprobt, trainiert und die Geschicklichkeit gesteigert wird[68], verschiedene Tätigkeiten eingeübt und lusthaft oder nur mechanisch Bewegungsaktivitäten betrieben werden.

„Sind diese kleinen Lebensräume auch oft nur Ersatznatur, so geben sie dem weltoffenen Neugierwesen Mensch doch vielfältige Stimulation und Experimentiermöglichkeiten"[69], regen also *explorative Aktivitäten* an.

Zwei Teilnehmerinnen an den Spielversuchen auf der Naturspielanlage „Gspöttgraben".

Manche *Gemeinschaftsspiele,* also Spiele, bei denen sich das Individuum bestimmten Regeln der Gemeinschaft unterwerfen muß, sind zugleich Bewegungsspiele, wie etwa Fußball oder Völkerball. Für sie sind verwildernde Areale ohne strapazierfähige Rasenflächen, oder zumindest gemähte, ebene Wiesen, freilich wenig geeignet.

Denn rasche Bewegung erfordert auf verwilderndem, nicht mehr gemähtem Grasland höhere Konzentration als auf Rasenflächen, deshalb — und wegen seiner geringen Belastbarkeit — läßt es auch Spiele, in denen Laufen die hauptsächliche Bewegungsart ist, kaum zu.

Triebe der Brombeere *(Rubus fructicosus)* hemmen den Schritt.

Suche nach Gefahren, die bewältigt werden können

Normierte, aus Sicherheitsgründen meist viel zu langweilige Spielplätze ohne echte Herausforderung bewirken, daß Kinder die *Gefahren,* deren Bewältigung sie zu ihrer Entwicklung brauchen, außerhalb der für sie ausgewiesenen

Abseits vom „sicheren" Spielplatz suchen Kinder zu bewältigende Gefahren

und geplanten Spielplätze auf eigene Faust suchen und dabei in wesentlich größere, für sie nicht immer in allen Konsequenzen erfaßbare Gefahren geraten können.

Sie packen dann normalerweise jede sich bietende Gelegenheit beim Schopf und erproben sich an gefährlichen Spielsituationen. Auf diesem Bild ersteigen drei Kinder vorsichtig und sich gegenseitig unterstützend ein verschneites, ungesichertes Baugerüst in einem Hinterhof, der an einen Spielplatz grenzt.

Herkömmliche, eigens ausgewiesene Spielplätze, mit der für sie geradezu charakteristischen Sicherheitsmanie konzipiert, sind also keineswegs die Orte, an denen sich alles Spiel zuträgt. Eick drückt diesen Sachverhalt folgendermaßen aus: „Ein gewisses Selbstregulativ im Verhalten der Kinder wird darin gesehen, daß die Spielplätze als einzige Fläche, die nutzungsmäßig mit ausdrücklicher Erlaubnis dem Spiel konstenintensiv gewidmet ist, nur 31% aller Spielfälle aufwiesen."[70]

Je weniger spannend Spielsituationen also sind, die ein dafür vorgesehener Spielplatz zuläßt, umso größer ist die Wahrscheinlichkeit eines Ausweichens der Kinder auf spannendere Areale, die dann allerdings überhaupt nicht auf ihre Spielrisken überprüft sind und oft die Gefahr schwerer Verletzungen bergen.

In ihrer Komplexität, ihrer Vielfalt und ihrem Abwechslungsreichtum beinhalten verwildernde Areale auch ein von Kindern „erwünschtes", notwendiges Gefahrenmoment, das nach Bewältigung ruft, Gefahrenbewußtsein entstehen läßt und Kindern das beglückende Gefühl gemeisterter Gefahren ermöglicht.

Durch diese Eigenschaften erweisen sich Verwilderungsflächen als anziehende, anspruchsvolle Alternativen zu herkömmlichen Spielplätzen.

Nicht zuletzt ist es schließlich für die Menschheit selbst von Bedeutung, daß ihre Kinder durch eigene Erfahrungen mit anderen Lebewesen eine Perspektive gewinnen können, für die Bücher, Filme, Museen, Arboreten und Tiergärten kein ausreichender Ersatz sind: denn Kinder lernen am besten, wenn sie die Dinge selbst an Ort und Stelle und zu ihrer Zeit entdecken können.[71]

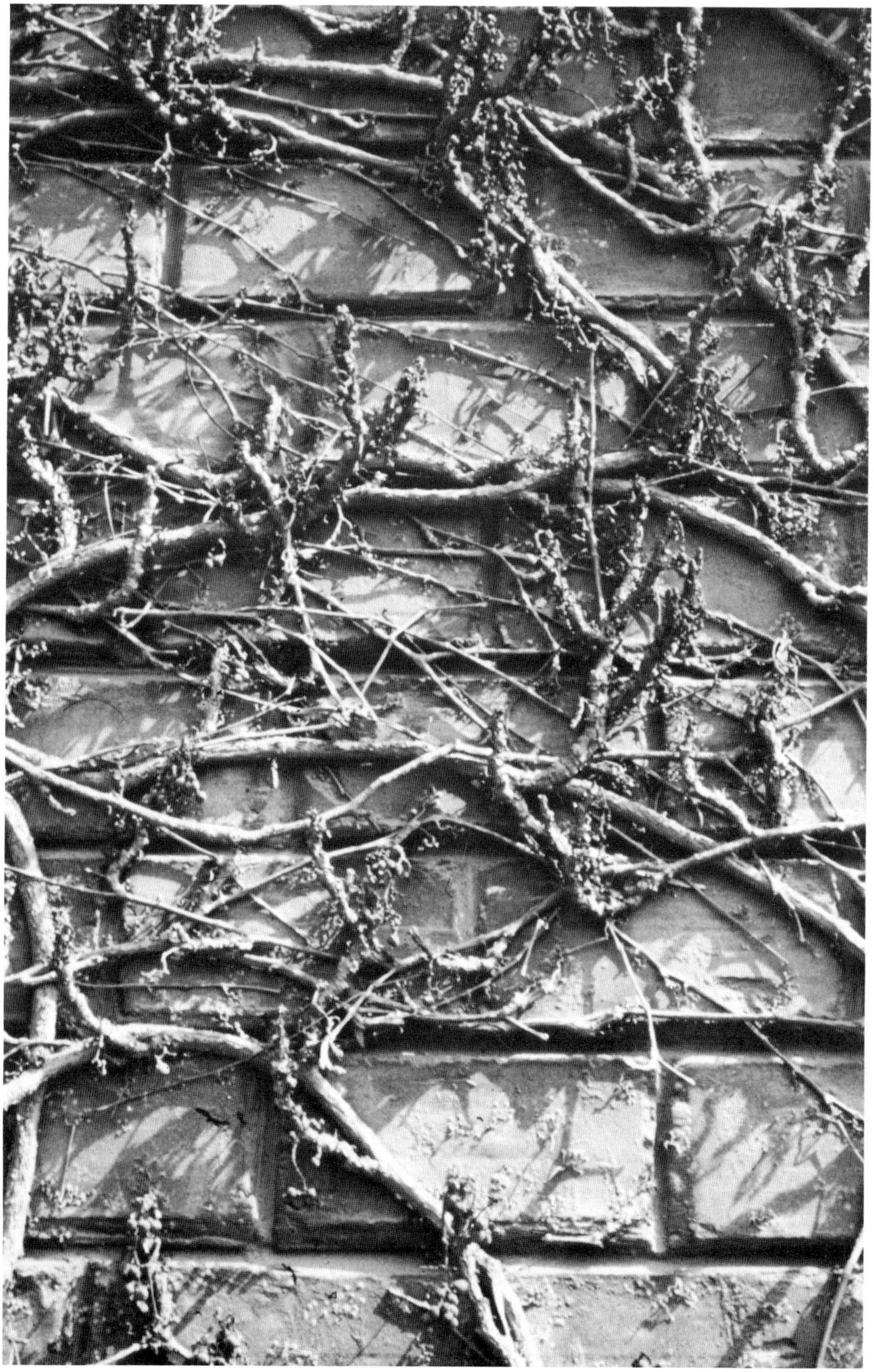

DER PROZESS DER VERWILDERUNG — GESTALTBILDUNG DURCH VERWILDERUNG

> Die malerische Schönheit gründet in der aufgebrochenen Starrheit der tektonischen Form.
>
> HEINRICH WÖLFFLIN

Als Vergänglichkeitsthema von Verfall, Abbau, Korrosion und Zerstörung geprägt, gipfelt Verwilderung in der faszinierenden Vitalität einer sich permanent verjüngenden, alles wiedererobernden Natur. Alle am Verwilderungsprozeß teilnehmenden Faktoren, der Verfall, wie auch die Neubildung von Biostrukturen, führen zur Änderung der vormaligen Erscheinung, zur Bildung einer neuen „Gestalt".

Das Ziel, die Möglichkeiten, Verwilderung zum Träger illusionistischer Freirauminszenierungen werden zu lassen, in ihrer Ganzheit zu erfassen, rückt eben diese Gestaltbildungen und -veränderungen, sowie deren spezifische malerische Ausstrahlung und die daraus erwachsende Anziehungskraft in den Mittelpunkt des Interesses.

Verwitterung — Bodenbildung

Verwitterung bodenversiegelnder Hartflächen

Immer größere Teile der Erdoberfläche werden von „dichten Belägen" wie Beton und Asphalt bedeckt, versiegelt und denaturiert, Böden werden „fossiliert" — also überbaut.[1] Im Streben nach Perfektion, Mobilität, Ordnung und Sauberkeit wird gegen den drohenden Zugriff der Natur viel Ener-

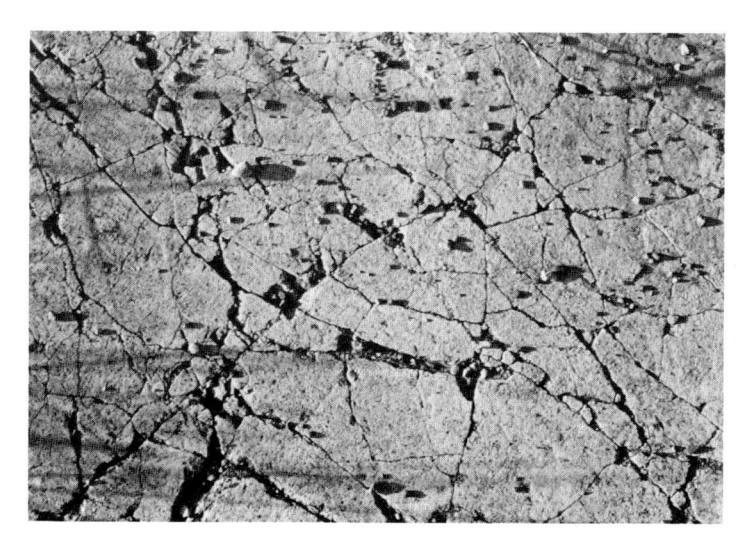

Hartflächen reagieren auf den Verwitterungsprozeß materialspezifisch: Spröde Betonflächen neigen eher zu linearen, oft dreieckigen bzw. polygonalen Sprüngen.

gie in die Wartung und Reinigung dieser versiegelten Flächen und in die Wahrung eines „ordentlichen Eindrucks" gesteckt.

Einmal aus den Zwängen der „pflegenden Zuwendung" des Menschen befreit, wandeln sich solche zunächst noch sterilen Flächen allmählich, Voraussetzungen für eine Wiedereroberung durch die Natur werden geschaffen, wobei Verwitterung die Hartflächen für eine künftige Neubesiedlung durch pflanzliche Organismen vorbereitet.

Als primärer Teil der Verwilderung bedeutet Verwitterung Angriff, Veränderung und Zerstörung pflanzenfeindlicher, anthropogener Bodenversiegelungen an der Witterung ausgesetzten Oberflächen unter dem Einfluß exogener Vorgänge. Sprünge und Risse in ehemals geschlossenen Hartflächen sind die ersten deutlichen Zeichen physikalischer und chemischer Verwitterungsprozesse. Die dabei entstehenden Spalten und Klüfte sind es dann, die es Pflanzenwurzeln ermöglichen, in unter Versiegelungsflächen gelegene Bodenschichten zu dringen.

Für Pflanzenwachstum müssen am Standort Nährstoffe zur Verfügung stehen, Verwitterung hat in diesem Fall ressourcenerschließende Wirkung: durch physikalische, chemi-

Deutsches Weidelgras *(Lolium perenne)* und Weiß-Klee *(Trifolium repens)* haben in der breitesten Stelle des Spaltenrisses in der Betondecke gefunden, was zum Pflanzenwachstum nötig ist: mechanische Verankerung in der Spalte, Nährstoffe im fossilisierten Boden, Wasser und Licht.

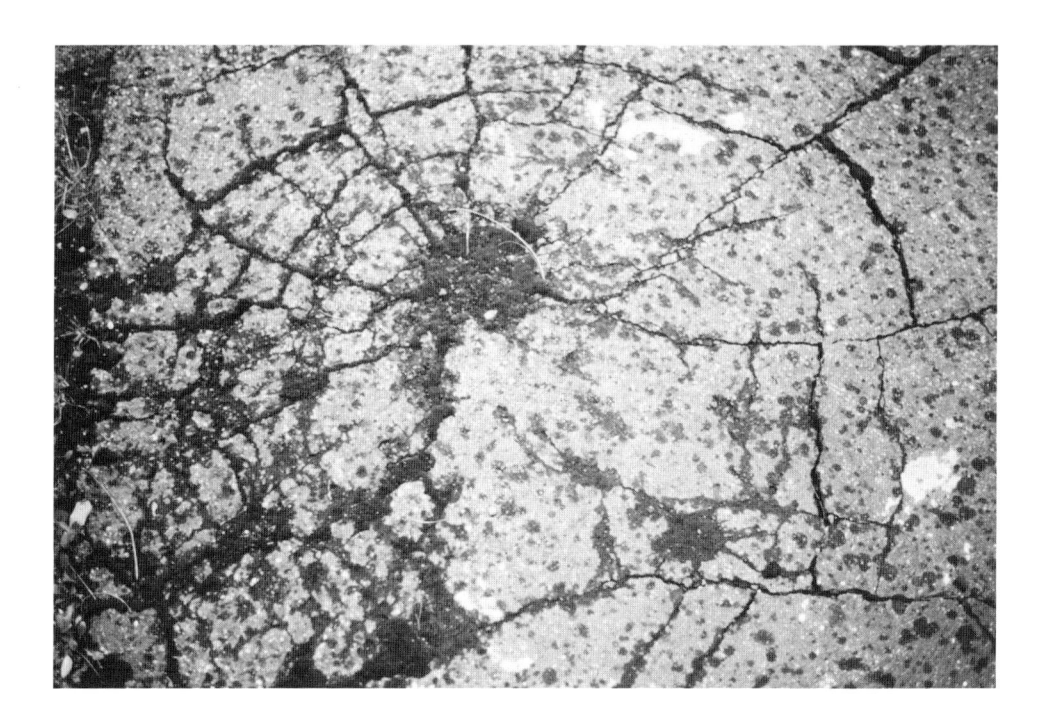

Spinnennetzartiges Rißmuster in „weichem" Asphalt

sche und biologische Prozesse werden Pflanzennährstoffe aus Belägen freigesetzt, Bodenbildung nimmt ihren Anfang.

Während manche Pflanzen in der Lage sind, mit ihren Wurzeln Verwitterungsspalten und -rissen folgend, in gewachsenen Boden zu dringen, begnügen sich andere (etwa Moose) mit neu entstehenden, dünnen Bodenschichten, die sich auf unverwitterten, dichten Hartflächen durch Feinmaterialablagerungen aus der Luft langsam bilden.

Asphaltflächen, als relativ „elastische", weiche Beläge brechen — zumeist in der sommerlichen Hitze blasig vorgedehnt — eher in radialer Form auf und bilden spinnennetzartige Rißmuster aus (siehe Abbildung).

Je nach Exposition und Untergrund werden solche Risse und Sprünge von verschiedenen Pflanzen besiedelt (siehe Kapitel „Pflanzliche Besiedlung"). Das obige Bild zeigt einen schattigen Wuchsort, wo Moose als Erstbesiedler aufkommen.

Im Zusammenspiel bereits angewitterter, aufgebrochener Hartflächen und pflanzlicher Besiedlung reift im Laufe der Vegetations- und Bodenbildung eine Mullpararendzina heran, ein stein-, kalk- und schwermetallreicher, oft schwer benetzbarer „Ruderalboden". Die Ansiedlung zuerst primitiver, dann höher organisierter Lebensformen und -gemeinschaften macht die Änderung des Ausgangsmaterials und die allmähliche Verbesserung des Standortes deutlich.

Verwitterung hat eine früher zusammenhängende Betonplatte in viele kleine Flächen aufgesplittert. Von Sprüngen durchzogen, wird sie von Pflanzen erobert (Betonfläche auf einem ehemaligen Industriegelände in Wien).

Beginnende Bodenbildung auf Hartflächen

Dichte, geschlossene Hartflächen (Betondecken guter Qualität o.ä.) widerstehen oft lange Zeit der Verwitterung, die in solchen Fällen daher auch nicht als primäre Kraft der Erschließung von Lebensräumen für Pflanzen und Tiere anzusehen ist. Stattdessen erzeugen Ablagerungen und Feinmaterial allmählich dünne Bodenschichten, in denen spezialisierte Pflanzen (Pionierpflanzen) Überlebensmöglichkeiten finden.

Das nächste Bild zeigt Ährchen der Mäusegerste *(Hordeum murinum)*, die ruhig auf Asphalt liegen. Doch schon der nächste Windstoß kann die vermeintliche Ruhe stören, treibt die Ährchen auseinander, bewegt sie hin und her, bis sie, nach langem Spiel mit dem Wind, in einem ruhigen Winkel, einer kleinen windstillen Fuge zwischen zwei Pflaster-

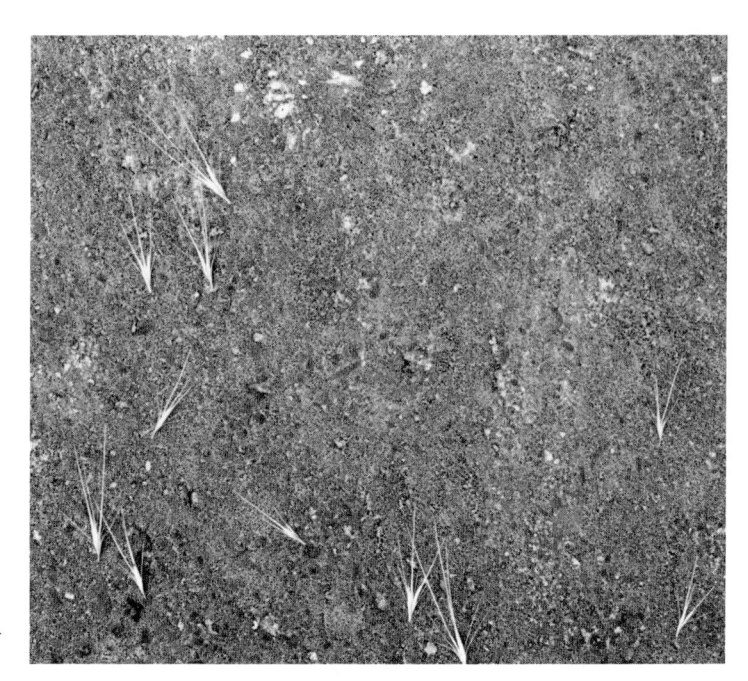

Ährchen der Mäusegerste auf Asphalt

steinen, an einer vorspringenden Kante oder im Windschatten von Pflanzentrieben hängenbleiben. Ist ihr Untergrund kein Substrat, in dem sie selbst auskeimen können, vermodern die Samen langsam. Dort, wo sie zu liegen gekommen sind, wird sich bald aus ihnen, Staub, Feinerdeaufwehungen, Ruß, herbstlichem Fallaub u.ä. eine dünne Bodenschichte bilden, die es ihrerseits später anfliegenden *(anemochoren)* Samen von Pionierpflanzen erlaubt, auszukeimen und einen neuen Pflanzenwuchsort zu begründen.

Strömungen des Windes formen Gestalt — „Inseln" entstehen

Staub, Ruß, Blütenpollen, Samen etc. senken sich langsam aus windstiller Luft ab. Ein Windstoß — und alles wird in den oft von Zentimeter zu Zentimeter variierenden Windströmungen wieder aufgewirbelt, von der jeweils herrschenden charakteristischen Schleppkraft weitergetragen, bis sich die „Luftverunreinigungen" an einem windstillen Plätzchen, zu „äolischen Sedimenten" (Windablagerungen) vereint, dauerhaft ablagern.

Kleine Erhebungen, die über den Boden herausragen, Steine, Gerümpel, ein stillgelegtes Eisenbahngleis, wie im Bild, aber auch jedes Pflänzchen, das „alleinstehend" eine sonst unbesiedelte Fläche erobert hat, bremsen den Wind in seinem Angriff. Im Strömungsbereich tritt eine gewisse Luftberuhigung ein. Feinteilchen sedimentieren aus der Luft und häufen sich in unmittelbarer Umgebung des Hindernisses an.

Voller Windangriff (Luv) auf einer Fläche bewirkt, daß diese leergefegt wird, denn Wind wirkt abtragend. Jeder Widerstand im Strömungsfeld bedingt allerdings eine lokale Verringerung der Schleppkraft des Windes, Feinteile werden im Lee (windstille Zone) sedimentiert, denn Windruhe wirkt ablagernd.

Werden die artifiziellen Formen menschlicher Bauweisen (meist mit geraden Linien, rechten Winkeln, ebenen Flächen) vom Wind umströmt, so bilden sich, abhängig von deren Lage zur Hauptwindrichtung und ihrer Oberflächenrauhigkeit, Bereiche geringerer und größerer Luftruhe aus. Wenn die Windgeschwindigkeit und damit auch die Schleppkraft in windstillen Zonen nachläßt, senken sich dort die Feinsedimente ab, lagern sich den Strömungsverhältnissen entsprechend an und bewirken auf diese Weise eine zuneh-

In der windstillen Zone um ein nicht mehr benütztes Eisenbahngleis können sich Gräser ansiedeln.

65

Vom Wind umströmte Grasinsel

mende Auflösung ehemals strenger Formen. Gerade Linien, rechte Winkel etc. werden zu „organischen" Strömungsformen transformiert, an denen sich nicht nur die Abhängigkeit solcher Gestaltbildungen vom strömenden Medium Wind generell, sondern auch die Bewindungsverhältnisse eines Ortes bis ins Klein- und Mikrorelief ablesen lassen.

Das Bild einer Betondecke, die vom Rande her von Gräsern zugewachsen wird, läßt die Illusion einer „Wasserfläche mit kleiner Insel" zu, was die direkt empfundene Wirkung strömender Medien auf die Gestaltbildung solcher Landschaftselemente verdeutlicht.

Im hypothetischen Fall einer total versiegelten Fläche mit Betondecke, -mäuerchen und -block, ließe sich folgende gestaltformende Wirkung des Windes erkennen: Sich selbst überlassen, würden sich in allen windberuhigenden Bereichen (der Pfeil kennzeichnet die Hauptwindrichtung und damit den größten Windangriff) allmählich dünne Bodenschichten entwickeln und, ebenso wie die Sprünge und Risse in der Hartfläche, sofort von Pflanzen in Besitz genommen werden. Nach wenigen Jahren ungestörter Entwicklung wären Synthesen künstlicher und natürlicher Komponenten herangewachsen und vom Menschen errichtete Bauwerke malerische Symbiosen mit der Pflanzenwelt eingegangen.

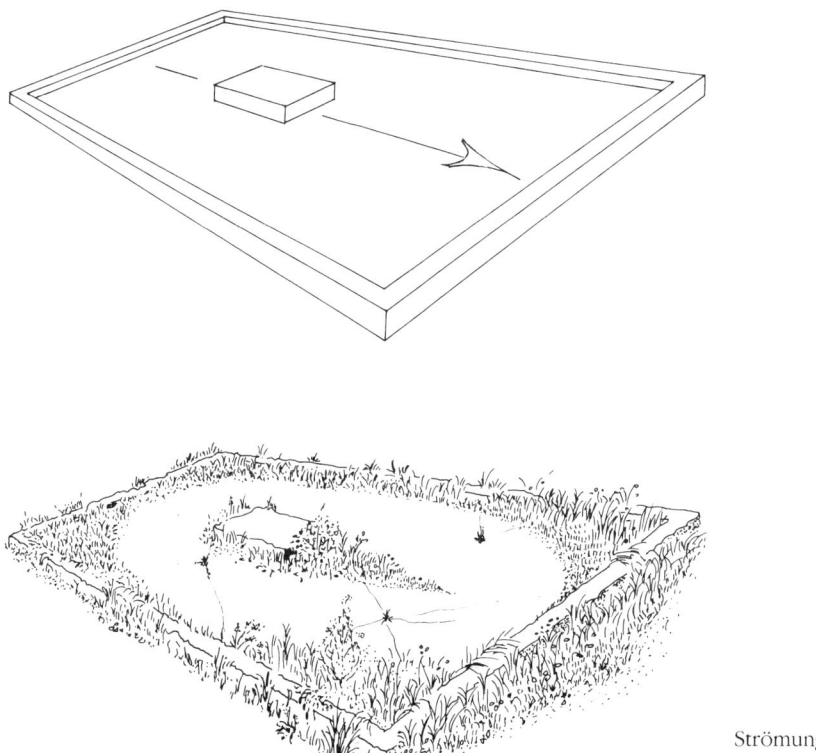

Strömungen des Windes formen Gestalt

Wiedervereinnahmung durch die „wilde" Natur

Verwilderungsprozesse beschränken sich nicht auf bestimmte Gegenden der Erde. Überall, wo Menschen in die natürlichen Vorgänge auf der Erdoberfläche eingegriffen haben, besteht seitens der Natur ein permanenter, mehr oder weniger spürbarer Druck, denaturierte Flächen zurückzuerobern. Und „...obgleich es den Anschein hat, als wäre das Auftreten von Pflanzen an solchen Orten dann rein zufällig, lassen sich auch hier, wie bei der übrigen Vegetation, Gesetzmäßigkeiten erkennen."[2]

Vegetation — die Manifestation der lebendigen Wirklichkeit.

CHRISTIAN NORBERG-SCHULZ

DAS WESEN DER VERWILDERUNG: PFLANZLICHE SUKZESSION

Sukzessionsprozesse der Vegetation — also Änderungen in der pflanzlichen Artenzusammensetzung, die während eines Menschenlebens direkt wahrnehmbar oder auch in längeren Zeiträumen ablaufen, sind als das verändernde Agens, das Wesen der Verwilderung anzusehen. Sie transformieren im Laufe der Zeit das Erscheinungsbild eines verwildernden Areals grundlegend und tragen den Verwandlungsprozeß von „künstlicher" in „natürliche" Gestalt. Der Vorgang der Veränderung zugrundeliegender, künstlicher Erscheinungen ist also zeitdominiert und dauert Jahrzehnte, manchmal Jahrhunderte.

Einsetzendes Pflanzenwachstum auf ehemals sterilen Flächen bewirkt durch die Zunahme vertikaler und horizontaler Strukturen (Pflanzenstengel, Halme, Äste, Blätter...) eine intensive Oberflächenvergrößerung. „Eine Form von Notverband, mit dem die Natur kahlen Boden möglichst schnell bedeckt"[3], nennt Le Roy dieses erste Aufkommen von Pflanzen, die zur Ruderalflora zählen und unter diesem Namen schon den Pflanzenkennern des vorigen Jahrhunderts geläufig waren, als „...auf Bauschutt, Müll, überdüngten Wegrainen oder ähnlichen trockenen Standorten wachsend. Der Name ist vom Plural des lateinischen Wortes rudus, -eris abgeleitet, was Schutt, Ruinen, Mörtelmassen bezeichnet."[4]

Ein Teil dieser Besiedler „denaturierter Orte" gehört zu den Einwanderern aus anderen Florenreichen (Adventivpflanzen), die von Botanikern nach dem Zeitpunkt ihres ersten Auftretens im fremden Florenbereich als Alt- oder Neueinwanderer (Archaeo- oder Neophyten) charakterisiert werden.

Ackerwildpflanzen (Segetalflora) besiedeln primär bewirtschaftete Äcker, kommen allerdings auch im offenen Boden von Sommerblumen- und Staudenrabatten gerne auf, als „...Unkräuter, denen der Mensch ungewollt durch seine Kulturmaßnahmen günstige Lebensbedingungen schafft."[5]

An der Sukzession beteiligte Pflanzen — krautige ebenso wie Gehölze — bereiten durch ihre Existenz den Weg für weitere, nachkommende Besiedlung vor; insbesondere Pionierpflanzen sind — oft durch Symbiosen mit spezialisierten Bakterien oder Pilzen — in der Lage, Nährstoffe aus der Luft aufzunehmen, für sich zu erschließen, die einset-

Sukzessionsschema nach Weber

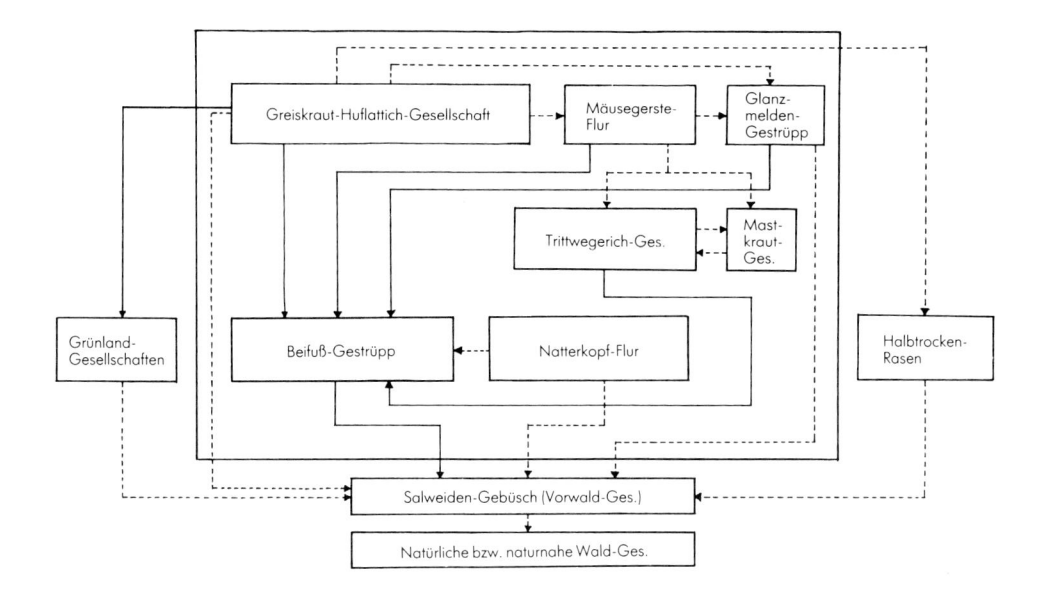

zende Bodenentwicklung voranzutreiben und mit ihrem eigenen Laubabfall selbst den Humusgehalt am Wuchsort zu erhöhen. Dies ermöglicht eine „Vegetationsentwicklung", die, beruhend auf einer Verschiebung im Individuengleichgewicht, schließlich zum Artenwechsel führt.

Das abgebildete Schema stellt — überblicksmäßig vereinfacht — mögliche Aufeinanderfolgen (Sukzessionen) ruderaler Pflanzengesellschaften und ihre Beziehungen (am Beispiel der Ruderalflora von Pflanzen im Vogtland) dar.[6]

Freilich variieren Sukzession und Artenzusammensetzung gebietstypisch mit Klima und Bodenfeuchtigkeit, weshalb die Pflanzensoziologie noch weitere Differenzierungen und Übergänge zwischen einzelnen Gesellschaften kennt.

Einer Erstbesiedlung auf Pionierstandorten mit kurzlebigen Ruderalfluren (Einjährigen = Annuellen und Zweijährigen = Biennen) folgen ausdauernde, „quasi-stabile" Ruderalgesellschaften (Dauerpflanzen und Gräser). Schließlich kommen Pionierstrauchbestände (Vorwald-Gesellschaften) auf und bringen allmählich eine Annäherung an die Endgesellschaften einer Sukzessionsreihe (Klimaxgesellschaften), die in Mitteleuropa meist Waldgesellschaften sind.

So entwickeln sich vom Beginn pflanzlicher Wiederbesiedlung an langsam erneut unterschiedliche Pflanzenschichten: Kryptogamen- (Algen, Moose, Farne), Kraut-, Strauch- und Baumschichten — bis zuletzt die ursprüngliche Vielfalt wieder erreicht ist.

Anfangsstadium

Ausdauernde Hochstaudenflur

Neuentstandene Schichtenvielfalt

An vorhandenen Pflanzenschichten eines verwilderten Ortes läßt sich auf relativ einfache Weise der Zustand der Vegetationsentwicklung einer zuvor denaturierten Fläche ablesen. Kennzeichen des Initialstadiums der Verwilderung ist fehlende Schichtenvielfalt, nur Kryptogamen- und Krautschichten sind zu finden, vereinzelt kommen aber schon Gehölze auf. Frühestens ab dem siebenten Jahr können sich auf der Verwilderungsfläche unter günstigen Bedingungen neben den genannten Schichten auch schon Einzelbäume oder kleine Baumbestände entwickelt haben. Ein mehrschichtiger Bestand, mit wenigstens einer Baumschicht, stellt sich aber erst nach einer Entwicklungszeit von mindestens zwanzig Jahren — ohne Störung — ein.[7]

Tiere — auch ausgesprochene Fleischfresser — sind von Pflanzen als der Basis aller Nahrungsketten abhängig. Vegetationsentwicklung auf denaturierten Standorten ermöglicht es daher Tieren, den Pflanzen nachzufolgen und sich am selben Ort anzusiedeln.

Erstbesiedlung verwildernder Standorte

Ganz zu Beginn treten am Verwilderungsort die vielen aus der Umgebung herantransportierten Pflanzensamen ein- und mehrjähriger Arten bereits während des Keimungsprozesses zueinander in Konkurrenz. Je rascher ein Samenkorn auch in Rohböden und bei Licht auskeimt, umso größer ist die Chance einer Pflanzenart, sich auch weiterhin durchzusetzen, denn „Erstbesiedler" haben einen deutlichen Wettbewerbsvorteil: „Welchen Raum eine Pflanze definitiv einnimmt, entscheidet sich oft schon in der Initialphase der Besiedlung: Die Art, die sich ausbreiten kann, solange die Konkurrenz noch gering und der Wurzelraum noch nicht ausgefüllt ist, hat große Chancen, gegenüber späteren Ankömmlingen zu persistieren (Persistenz-Effekt)."[8]

Will man sich ein Bild machen, welche Pflanzenarten den zunächst vegetationsfreien Standort primär besiedeln werden, sollte man die in unmittelbarer Nähe vorkommenden Pflanzen kennen, ebenso auf welche Art und Weise deren Samen transportiert werden und sich verbreiten, sei es durch den Wind (*Anemochorie*), das Wasser (*Hydrochorie*), durch Tiere (*Zoochorie*) oder Selbstausbreitung (*Autochorie*). Das jeweilige Medium entscheidet schließlich über die Geschwindigkeit der Verbreitung einzelner Pflanzenarten. Im Siedlungsbereich spielt auch die direkte oder indirekte Mithilfe des Menschen bei der Verbreitung von Pflanzen — die *Hemerochorie* — eine wichtige Rolle, sodaß „...menschliche Siedlungen zum Ausgangspunkt der Verbreitung und

> Fängt nicht überall das Beste mit Krankheit an?
>
> Novalis

Wegmalve

Häufigkeitszentren von 'Hemerochoren' (beispielsweise Vogelfutterpflanzen! Anmerkung d. Verf.) geworden sind."[9] An den Kulminationspunkten menschlichen Einflusses, in Großstädten, sind naturnahe Gebiete nur mehr in Resten vorhanden, eine Verarmung, der eine ständige Anreicherung der rein menschlich bedingten Ruderalflora gegenüber steht, die neben dieser Bereicherung allerdings auch einem permanenten Umbau unterworfen ist.[10]

Primär ausschlaggebend dafür, welche Pflanzenarten schließlich ruderale Flächen besiedeln und Wuchsorte begründen, ist zunächst die Zugehörigkeit eines Gebietes zu einem bestimmten Florenreich. Anhand einer konkreten Situation lassen sich daher am besten weitere Kenntnisse der Abläufe pflanzlicher Sukzession gewinnen.

Als Beispiel mag der großstädtische Ballungsraum Wien dienen: Im Übergangsbereich am Nordostabfall der Alpen zum Karpatenbecken gelegen, weist diese Stadt keine einheitlichen Klimaverhältnisse auf. Zudem treffen hier zwei verschiedene Florenreiche aufeinander: neben submediterranen Pflanzen leben in Wien auch schon viele kontinentale Arten, aufgrund der Lage Wiens am Rande des pannonischen Gebietes.

Nackte, unbewachsene Böden, Mauerschutt, Pflasterritzen, Straßenränder, und ähnliches — wohl durch menschliche Tätigkeit geschaffen, aber nicht mehr genutzt — werden bei einsetzender Verwilderung primär von *kurzlebigen Ruderalgesellschaften* erobert. Derartige Standorte bieten Pionierpflanzen meist reichlich Nährstoffe, weshalb auch zunächst Einjährige (Sommerannuellen) eine an stickstoffliebenden Gänsefußarten reiche Gesellschaft bilden, ein *„Chenopodietum ruderale"*, worin neben dem namensgebenden Weißen Gänsefuß *(Chenopodium album)* regelmäßig auch der Weiße Fuchsschwanz *(Amaranthus albus)* auftritt. In dieser pflanzensoziologischen Gruppe trifft man ebenfalls:

Rauhhaarigen Fuchsschwanz *(Amaranthus retroflexus)*, Unechten Gänsefuß *(Chenopodium hybridum)*, Sonnwend-Wolfsmilch *(Euphorbia helioscopa)*, Erdrauch *(Fumaria officinalis)*, Kleinblütiges Franzosenkraut *(Galinsoga parviflora)*, Wegmalve *(Malva neglecta)*, Bingelkraut *(Mercurialis annua)*, Gewöhnliches Greiskraut *(Senecio vulgaris)*, Gänsedistel *(Sonchus oleraceus)*.

Weißer Gänsefuß *(Chenopodium album)* als „Erstbesiedler" zeichnet sich — wie viele Pionierpflanzen — durch hohe Anpassungsfähigkeit aus: Hier hat er auf einem Flach-

Gänsefuß

dach in Wien „Fuß gefaßt". Mechanischen Halt bieten auf enge Fuge verlegte Waschbetonplatten. Wasser und reichhaltige Nährstoffe (Weißer Gänsefuß stellt hohe Ansprüche an den Stickstoffgehalt des Wuchsortes) sammeln sich wohl unter dem Plattenbelag auf den Wärmedämmplatten des Umkehrdachaufbaus.

„Im darauffolgenden Jahr kommen mehr Winterannuel-

Als besonders reizvolle „Erstbesiedlerin" darf hier die Sommerzypresse (oder auch Besenkraut), an einer Hausmauer in der Altstadt von Krems verwildern, mit ihren eigenwilligen, frischgrünen Pflanzenkörpern den rechten Winkel zwischen Haus und städtischem Freiraum „in Frage stellen", und die Proportionen des Gebäudes durch einen grünen „Fuß" verändern.

73

Ein Bild üppig wuchernder Vegetation, so kann die Wirkung pflanzlicher Erstbesiedlung offener Böden aussehen (Klatschmohn, Rauken, Milchdisteln; die Bäume im Hintergrund sind freilich alter Bestand).

len zur Vorherrschaft. In Wien häufig eine 'Kompaßlattichflur' *(Erigero-Lactucetum,* oder auch *Conyzo-Lactucetum* genannt)"[11]:

Kanadisches Berufskraut *(Erigeron canadensis),* Kompaßlattich *(Lactuca serriola),* Schmalblättrige Doppelrauke *(Diplotaxis tenuifolia),* Dichtblütige Kresse *(Lepidium densiflorum)* und andere.

Diese Arten keimen im Herbst, überwintern als kleine Pflänzchen, blühen, fruchten und sterben in der darauffolgenden Vegetationsperiode.

Eine gewisse Dominanz entwickeln in der ersten Besiedlungswelle Glanzmelden-Gestrüppe, wie sie für trockenwarme Gebiete Mitteleuropas charakteristisch sind:[12] Glanz-Melde *(Atriplex nitens),* Tatarische Melde *(Atriplex tatarica),* Weißer Gänsefuß *(Chenopodium album),* Gestreifter Gänsefuß *(Chenopodium strictum),* Kleinblütiges Franzosenkraut *(Galinsoga parviflora),* Besenkraut *(Kochia scoparia),* u.a.

Initialstadien der Verwilderung und ihre Bedeutung für die Tierwelt

Initialstadien der Verwilderung, in denen sich Böden bilden, der Bewuchs noch spärlich ist, manchmal sogar Nährstoffarmut die Dynamik kennzeichnet, können ähnliche faunistische Charakterzüge wie Trocken- und Halbtrockenrasen aufweisen. Solche vegetationsfreien oder -armen Bereiche können eine Zeit lang Teilhabitate gefährdeter und besonders förderungswürdiger Tierarten sein. In ihrer Blührhythmik unterscheiden sich trockenrasenähnliche Ruderalfluren auf flachgründigen Verwilderungsarealen deutlich von Frisch- oder Feuchtwiesen: Während letztere bereits im Mai einen Höhepunkt ihrer Entwicklung erreichen, erscheinen

Steppenhexe oder Feldmannstreu

zwar in den Trockenwiesen die ersten Blüten bereits im zeitigen Frühjahr, eher als in frischeren Wiesen, die Mehrzahl der ausdauernden Arten erreicht das Optimum aber erst im Spätsommer. In seiner warm-trockenen Ausprägung ist dieser Biotoptyp Lebensstätte gefährdeter Landschnecken-, Tagfalter-, Heuschrecken- und Grillenarten.[13]

AUSDAUERNDE RUDERALFLUREN

Bleiben verwildernde Orte weiterhin ungestört von „pflegenden" jätenden Eingriffen, so setzt sich die einmal begonnene Entwicklung fort. Kurzlebige (annuelle) Arten werden zunehmend von ausdauernden Pflanzen abgelöst. Meist herrschen schon nach drei Jahren hochwüchsige Stauden *(Hemikryptophyten)* und Gräser vor und behindern durch ihre Existenz das weitere Aufkommen von einjährigen Pflanzen.

Angetan vom Reiz einer kalkliebenden *Natternkopfflur,* beschreibt Ellenberg diese als eine der farben- und formenprächtigsten ausdauernden Ruderalgesellschaften: „Unter den hoch und locker emporstrebenden zarten Trauben des weißen und gelben Honigklees leuchtet im Sommer das intensive Violettblau der Natternkopfsträuße. Grüngoldene Reseden, blaßgelbe Nachtkerzen, die sich abends duftend öffnen, karminrote Nickende Disteln und andere schönblütige oder bizarre Gewächse kommen, ebenfalls locker gruppiert, daneben zur Geltung. Die Kleinblättrigkeit vieler Partner, das blasse Grün ihrer Blätter und das für Ruderalfluren ungewöhnliche Hervortreten von Leguminosen läßt vermuten, daß ihnen nur wenig Bodenstickstoff zur Verfügung steht."[14]

Üppiger als die Natternkopfflur gedeiht die *Eselsdistelflur,* die in warmen, trockenen Lagen erstbesiedelten Gesellschaften des Verbandes Sisymbrion folgt. Diese nach der Eselsdistel benannte Gesellschaft wächst auf durchlässigen, zeitweilig austrocknenden Substraten und bleibt dadurch ziemlich lange von Gehölzaufwuchs verschont.

An die Stelle der Eselsdistelfluren treten auf feuchteren, weniger durchlässigen Böden *Klettenfluren (Arction).*

„Die häufigste Gesellschaft des Arction-Verbandes aber ist das *Beifußgestrüpp,* das sich auf Müll und Bauschutt, sowie an Straßenböschungen jahrzehntelang halten kann."[15] Meist schon in kurzlebigen Ruderalbeständen als Jungpflanze ent-

Ein Beifußgestrüpp im Winterzustand

halten, kommt Beifuß *(Artemisia vulgaris)* im Wiener Raum am häufigsten zur Dominanz, „während Bestände, in denen Goldruten oder ausdauernde Helianthus-Arten dominieren, hier relativ selten sind."[16] Diese stellen in Städten mit kühlerem Klima jedoch die wichtigsten Ausprägungen der dritten Besiedlungswelle dar. Dort können dominierende Pflanzen wie die Goldrute mit ihrem besonders konkurrenzfähigen Wurzelsystem die Vorherrschaft antreten und diese auch über lange Zeit beibehalten.

„Unter den ruderalen und ruderalisierten Rasengesellschaften fallen im Wiener Raum oft große Flächen bedeckende und anscheinend stabile *Bestände von Land-Reitgras (Calamagrostis epigeios)* auf."[17]

Refugien für die Tierwelt

Ausdauernde Ruderalfluren, wie sie sich nach wenigen Jahren ruderaler Sukzession auf verwilderten Arealen entwickelt haben, können zu Refugien von Tieren der „offenen Landschaft" werden, die für ihre Existenz beruhigte Bereiche benötigen. So bieten sie beispielsweise bodenbrütenden Stechimmen Nistmöglichkeiten (Knotenwespen-, Silbermundwespen-, Fliegenspießwespen-, Sandbienen- und Furchenbienen-Arten). Aus der Sicht des Tierartenschutzes sind

Eine Ruderalfläche mit hohem Anteil an Land-Reitgras am Handelskai in Wien (sie mußte einem Neubau weichen).

unter verwildernd aufkommenden Stauden und Kräutern vor allem Witwenblumen, Flockenblumen, Disteln und Pflanzen mit ähnlichem Blühtypus wie Doldenblütler *(Umbelliferen)* wichtig. Die ersteren haben für Falter und blütenbesuchende Fliegen, die letzteren für Schlupfwespen, viele Bockkäferarten sowie für Fliegen eine große Bedeutung.

GESTALTÄNDERUNG ALTERNDER BAULICHKEITEN IM VERWILDERUNGSPROZESS

Mauern, Treppen, Einfriedungen, Skulpturen, ungenutzte Gebäude und andere bauliche Einrichtungen altern. Ohne Wartung, Reinigung und Pflege, sich selbst überlassen, verwittern sie, vermodern, stürzen ein, werden als Relikte menschlicher Tätigkeit von der Natur vereinnahmt und verschwinden schließlich zur Gänze in Bodenbildung und Vegetation.

Der Verfall und eventuelle Zusammenbruch einer Mauer wird primär von klimatischen Faktoren verursacht.

Temperaturschwankungen haben einen erheblichen Effekt. Mauern sind aus verschiedenen Materialien zusammengefügt, die unterschiedliche physikalische und chemische Eigenschaften haben, wodurch an den Grenzflächen unterschiedliche Spannungen auftreten. Hier entwickeln sich Risse und Sprünge. Wasser, das in die Spalten dringt, in Frostperioden friert und sich ausdehnt, hat Sprengwirkung, wodurch auch Ziegel und Steine betroffen sind und Teile der Oberfläche abbröckeln.[18]

In der Luft enthaltene Gase können den Verfall beschleunigen: CO_2 gilt als die wichtigste „korrodierende" Substanz der Luft, doch zunehmend sind auch andere Luftverunreinigungen, etwa SO_3 (ein sehr hygroskopisches Gas, das wassergelöst als schwefelige Säure mit feinen filmartigen Überzügen Maueroberflächen angreift) am Verwitterungsprozeß beteiligt.

...indem sich Gewächse ansetzen, entwickelt sich Leben, das wie ein Schauer und Schimmer über die Flächen hingeht, die Ränder unruhig werden und die geometrischen Linien und Ordnungen verschwinden läßt.

HEINRICH WÖLFFLIN

Das Altern von Baulichkeiten löst eine permanente Gestaltänderung aus. Waren etwa Mauern vorher gepflegt, was heißt, daß an ihrer Erhaltung gearbeitet wurde, und fallen diese Maßnahmen nun weg, so setzt der Verwilderungsprozeß ein; an Mauern mit Putzschicht blättert diese ab; von Ziegelmauern werden im Lauf der Zeit immer mehr Ziegel sichtbar, der bindende Mörtel wird ausgewaschen, irgendwann löst sich der einzelne Ziegel aus dem Verband, fällt zu Boden, am Fuß der Mauer sammelt sich ein Ziegelsplitthaufen.

Neben physikalischen und chemischen Verwitterungsvorgängen spielen im Alterungsprozeß die biotischen Faktoren pflanzlicher Besiedlung eine große Rolle.

Biologische Verwitterung wird von Mikroorganismen (etwa manchen Bakterienarten) eingeleitet. Während frische Zementmauern mit extremen pH-Werten von 11—12 nur eine Besiedlung durch diese spezialisierten Bakterien zulassen, ermöglicht die pH-Reduktion im Laufe der Verwitterung höher organisierter Vegetation ein Überleben.[19]

Flechten auf einer alten Steinmauer

Flechten — die Symbiose von Algen und Pilzen mit sehr spezialisierter Lebensweise — sind in der Lage, durch CO_2-hältige Ausscheidungen feste Unterlagen aufzulösen und derart Mauern zu überziehen. Bei zunehmender Verschlechterung der Stadtluft ziehen sich allerdings die empfindlichen Flechten in weniger belastete Gebiete zurück, weshalb Ballungsräume heute oft als „Flechtenwüsten" bezeichnet werden müssen.

Generell gesehen beruht das ökologische Potential jeder Mauer auf ihrem Feuchtigkeitsgehalt, ihrer Textur, Dicke, Neigung, Exposition und ihren Kontaktflächen zur belebten Umgebung.[20] So ist es keineswegs ein Zufall, welchen Mauerabschnitt eine Pflanze letztlich besiedelt: Feine Differenzierungen im Feuchtigkeits- und Nährstoffgehalt, im Lichtgenuß und in der Windexponiertheit entscheiden schließlich über die Art der Symbiose von Bauwerk und Pflanze.

Die Besiedlung verschiedener Abschnitte einer Mauer mit Moosen in Abhängigkeit von feinen Standortunterschieden ist Inhalt des Schnitts von Darlington[21], der allerdings von den klimatischen Verhältnissen Großbritanniens ausgeht. Doch auch auf dem Kontinent hat Silbermoos eine Vorliebe für städtische Standorte, die auf der hohen Toleranz dieses Mooses gegenüber Luftschadstoffen und der Präferenz von stickstoffreichen Wuchsorten beruht.

In Fugen und Ritzen alter Bauteile, auf Mauerkronen

und Vorsprüngen, in Vertiefungen und auf Verwitterungsschutt am Fuß von Mauern finden Pflanzen Nährstoffe (Mauermaterial, auch äolische Sedimente) und Wasser.

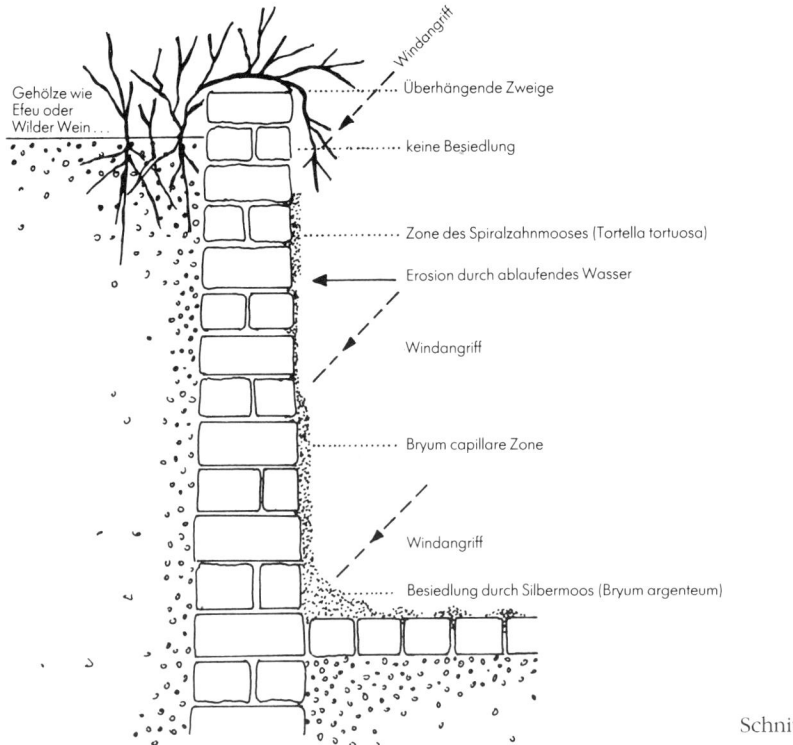

Gehölze wie Efeu oder Wilder Wein...
Windangriff
Überhängende Zweige
keine Besiedlung
Zone des Spiralzahnmooses (Tortella tortuosa)
Erosion durch ablaufendes Wasser
Windangriff
Bryum capillare Zone
Windangriff
Besiedlung durch Silbermoos (Bryum argenteum)

Schnitt nach Darlington

Daher läßt es sich nach dem Abriß eines Hauses oft beobachten, wie rasch sich Trümmerstätten und Mauerreste zu begrünen beginnen. „Obwohl zunächst völlig leer von Pflanzen und Samen, erscheinen auf den lockeren humusfreien Ziegel- und Verputzmassen sowie auf Holzresten schon nach wenigen Monaten die ersten Keimlinge höherer Pflanzen."[22] Keimlinge kurzlebiger Arten wie beispielsweise:

Dach-Trespe *(Bromus tectorum)*, Einjähriges Bingelkraut *(Mercurialis annua)*, Gewöhnliches Greiskraut *(Senecio vulgaris)*, Klebriger Gänsefuß *(Chenopodium botrys)*, Mauer-Doppelsame *(Diplotaxis muralis)*, Mauer-Pippau *(Crepis tectorum)*, Rauken *(Sisymbrium irio* und andere*)*, Taube Trespen *(Bromus sterilis)* und andere, aber auch mehrjährige Arten;

an oder auf besonnten und nährstoffärmeren Mauerteilen sind es lichtliebende und trockenheitsertragende Pflanzen:

Mauerraute *(Asplenium ruta-muraria)*, der Schwarzstielige Streifenfarn *(Asplenium trichomanes)*, Mauerpfeffer *(Sedum album, Sedum acre)*, Rispengräser *(Poa compressa)* und andere.

Nährstoffreichere, ebenfalls warme Mauern bevorzugen:

Glaskraut *(Parietaria)*, Goldlack *(Cheiranthus cheirii)*, Mauer-Zimbelkraut *(Cymbalaria muralis)*, Stinkrauke *(Diplotaxis tenuifolia)*, Löwenmäulchen *(Antirrhinum majus)* und andere.

Im Gegensatz zu den genannten Arten ziehen Farne wie Frauenfarn *(Athyrium filix-femina)*, Wurmfarn *(Dryopteris filix-mas)*, Ruprechtskraut *(Gymnocarpium robertianum)*, Schöllkraut *(Chelidonium majus)*, Stink-Storchschnabel *(Geranium robertianum)* und andere schattigere, feuchtere Mauern als Wuchsorte vor. So gilt der Frauenfarn als innerstädtischer Kühlezeiger (ihm gelingt es sogar, so wenig einladende Wuchsorte wie Lichtschächte zu besiedeln).

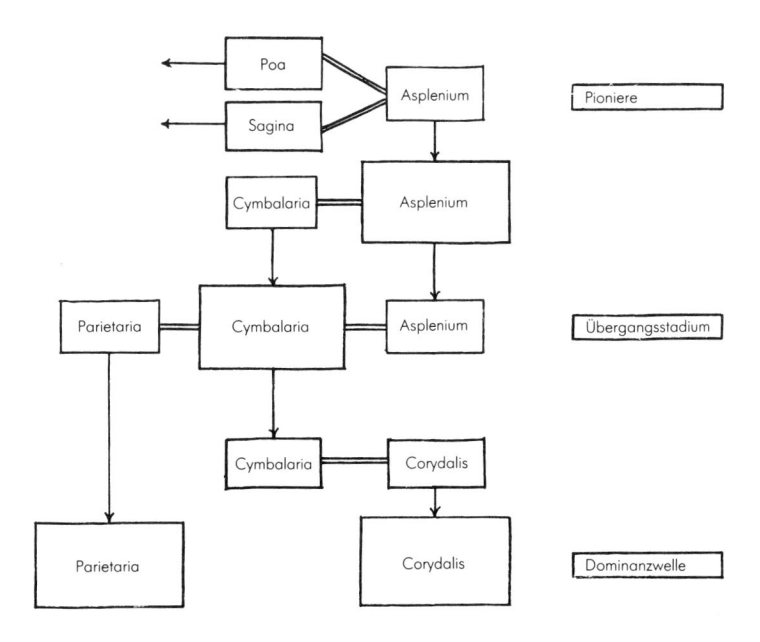

Sukzessionsschema nach Darlington

Darlington schematisiert[23] die Phasen des Fortschreitens pflanzlicher Entwicklung an kalkhaltigen Mauern in Großbritannien. Durch Sukzessionstrends gelangen unter sechs mauerbesiedelnden Gefäßpflanzen schließlich zwei zur Dominanz: Den Pionierarten nährstoffärmerer Mauern, Farnen *(Aspelnium)*, Rispengräsern *(Poa)* und dem Mastkraut *(Sagina)*, folgt ein Übergangsstadium mit Mauerzimbelkraut *(Cymbalaria)*, abgelöst von den Pflanzen der Dominanzwelle auf nitrophilen Mauern wie Glaskraut *(Parietaria)* und Lerchensporn *(Corydalis)*. Besonders reizvoll nehmen sich die verwildernden Zierpflanzen Goldlack *(Cheiranthus cheirii)* und Löwenmäulchen *(Antirrhinum majus)* an Mauern aus.

Auf der Mauerkrone dieser Fundamentenmauer hat sich eine Pflanzengesellschaft des Verbandes Sisymbrion angesiedelt.

PIONIERGEHÖLZE

Ebenso nützen Pioniergehölze alle sich bietenden Chancen, um neue Wuchsorte zu begründen. Im Bild wird der ausgestreckte Halbreliefarm der Olympionikin des „Tausendjährigen Reiches" zum Wuchsort zweier Pappeln, denen allerdings nur ein kurzes Leben vorausgesagt werden kann. Ist es nicht der Mensch, der sie „der Ordnung halber" entfernt, so wird der Nährstoffmangel über kurz oder lang ein Ende setzen.

Eingang zum ehemaligen Olympiagelände in Berlin

Gehölzanflug auf Ruinen der Museumsinsel, Ost-Berlin

Von Wind, Vögeln, oft auch Ameisen vertragen, sind es unter den Gehölzen vor allem Ahorn-Arten, Birken, Buddleien, Eiben, Götterbäume, Pappel-Arten, Robinien, die an und auf Mauern auskeimen. Erreichen sie zwar meist kein hohes Alter auf diesen Standorten, so verursachen doch gerade die Gehölze unter den biotischen Faktoren der Verwitterung die augenfälligsten Zerstörungen von Bauwerken.[24]

So etwa beschleunigt der ruderal heute in Mitteleuropa weit verbreitete Schmetterlingsstrauch *(Buddleia davidii)* in komplexer Weise den Zusammenbruch einer Mauer. Einerseits bricht er mechanisch Spalten auf und hüllt andererseits seine vordringenden Wurzeln in eine CO_2-gesättigte Atmosphäre, die außerdem noch weitere mauerwerkzerstörende Substanzen enthält. In gradueller Abstufung gilt dies für die meisten mauerbesiedelnden Pflanzen, für krautige ebenso wie für Gehölze.

Mauererhaltende Schutzwirkung hingegen haben jene Pflanzen, die dichte, geschlossene „Bezüge" an Mauern ausbilden (z. B. Mauerkatze — *Parthenocissus tricuspidata*) und dadurch Temperatur und Luftfeuchtigkeit an der Maueroberfläche unter dem „Pflanzenpelz" ausgeglichener gestalten, vor Schlagregen schützen usw., und so der Verwitterung Angriffsmöglichkeiten nehmen.

Der Tierwelt bieten alte, verfallende Bauteile wichtige Lebensräume. Eine Reihe von Arten bezieht menschliche Behausungen teilweise anstelle von Baum- oder Felshöhlen und nutzt diese als Brut- und Wohnstätten.

Infolge gewandelter Bauweisen und Baumaterialien (Beton, Glas, Dachziegel), „...der Beseitigung alter Gebäude bzw. deren technisch perfekter Renovierung, schwinden diese Lebensmöglichkeiten an und in Gebäuden für viele Tiergruppen. Gleichzeitig werden oft vergleichbare Primärbiotope in der freien Landschaft zurückgedrängt (etwa Schilfbestände, vertikale Erdaufschlüsse, stehendes dickstämmiges Totholz u.ä.). Hilfsaktionen für die Fauna könnten in erster Linie die Erhaltung bestehender Habitate, aber auch die Schaffung neuer sein."[25]

Beachtung verdienen auch vertikale Erdaufschlüsse und Abbruchkanten, wie sie nach dem Abbruch von Häusern im Siedlungsgebiet zurückbleiben; bieten sie doch durch die Betonung der Vertikalen, durch die intensive Durchwärmung und entsprechend große Trockenheit — vor allem bei Südexposition und geringem Bewuchs — gegenüber ihrer Umgebung ganz spezielle Habitatsbedingungen für die Fauna: Etwa 400 Arten, vor allem aus der Gruppe der Hautflügler, Springspinnen, Weberknechte, Tanzfliegen, parasitären Raupenfliegen, aber auch Vögel schätzen derartige Situationen.[26] Sie dienen als Ruheplätze, Jagdreviere, „Aufheizräume" und Brutplätze, wobei sich südexponierte, unbeschattete Steilwände, deren Schuttbezirke am Fuß nicht entfernt wurden, als besonders günstig erweisen,[27] denn der Stoffabtrag führt im Verwilderungsprozeß unterhalb von Mauern zur Anhäufung von herabfallendem Mauermaterial (z. B. Ziegelsplitt), ein Umstand, der Schuttbesiedlern Lebensraum gewährt.

Wo Holz, Bretter, Dachziegel, Steinplatten und anderes Material lose geschichteten „Trockenmauern" ähnlich gelagert werden, finden Igel, Spitzmäuse, Insekten und zahlreiche andere Kleintiere geeignete Verstecke und Brutplätze. Besonnt können Trockenmauern, auch Steintreppen mit Nischen, Fugen und Höhlungen, ideale Biotopelemente für Eidechsen sein.[28]

Aufgeschichtete Ziegelsteine — darüber Bocksdorn *(Lycium Halimifolium)*

Spontanvegetation, die sich auf Mauerkronen, in Pflasterritzen etc. entwickelt, kann zur Ausgangsbasis von Nahrungsketten, zum Habitat für Tiere (wie Laub- und Bodenbewohner, einige Milbenarten und kleine Käfer) werden.

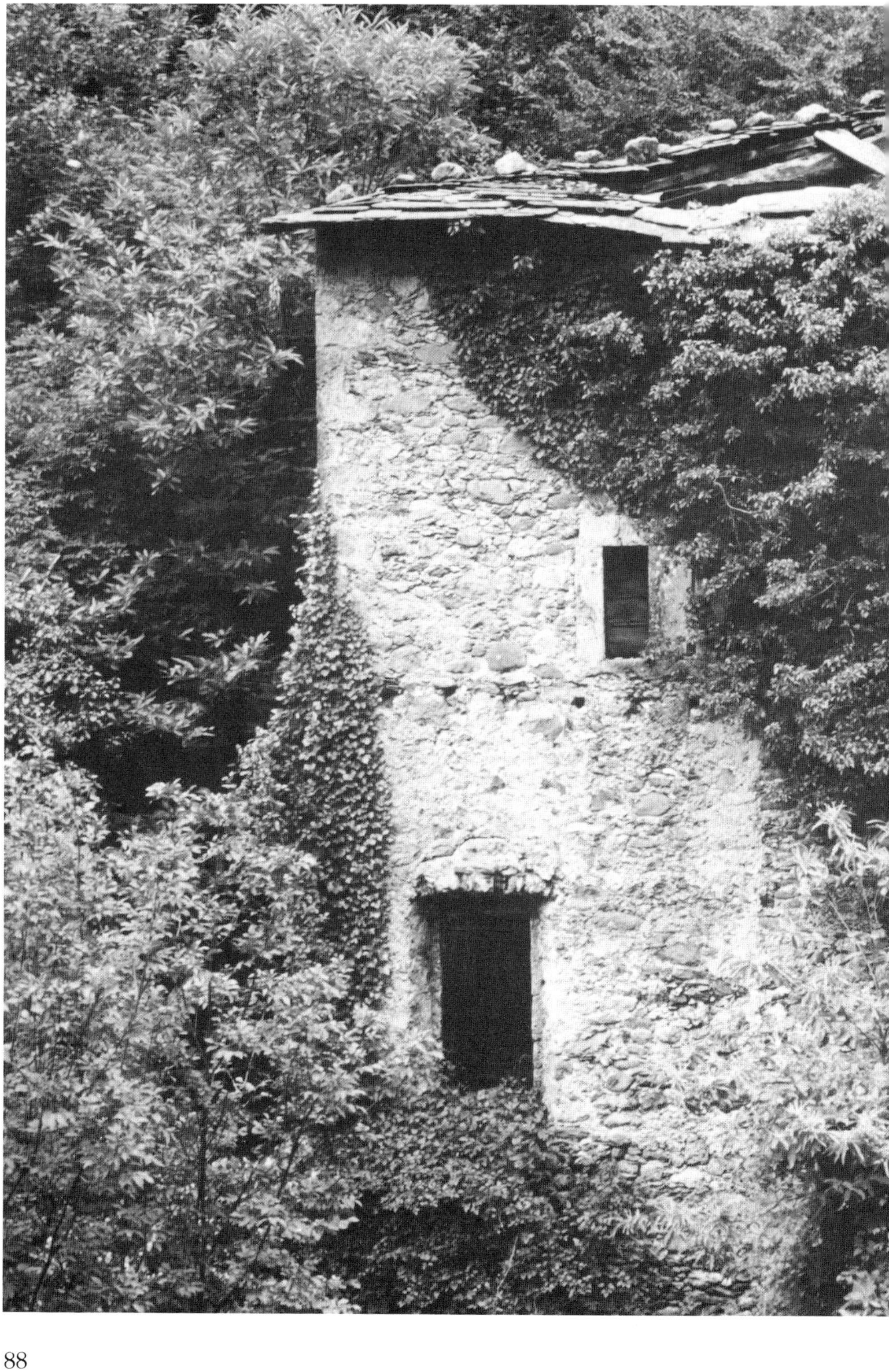

Wenn sich an einer Rasierklinge der Rost festsetzt, wenn eine Wand zu schimmeln beginnt, wenn in einer Zimmerecke das Moos wächst und die geometrischen Winkel abrundet, so soll man sich doch freuen, daß mit den Mikroben und Schwämmen das Leben in das Haus einzieht und wir so mehr bewußt als jemals zuvor Zeugen von architektonischen Veränderungen werden, von denen wir viel zu lernen haben.

Friedensreich
Hundertwasser

Einzug der Pflanzen in ein Haus

Die Störung der Horizontalen

Immer sind es vom Menschen geschaffene Linien, geometrische Formen und Strukturen, die verwildernd in Frage gestellt werden. Bei Treppen, kleinen Mäuerchen und anderen waagrechten Bauelementen ist es die *Horizontale,* jene gerade Linie und exakte Kontur, an deren guter Ausführung Gestalter und Handwerker ihr Können gemessen haben, die

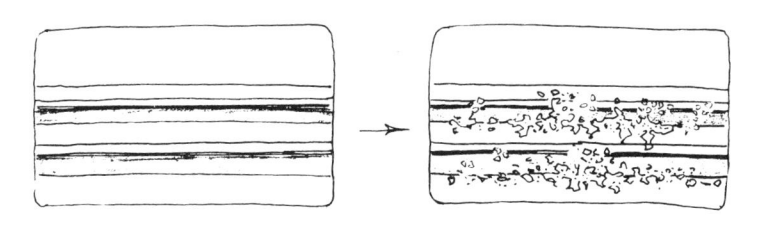

nun in ihrer kühlen, bewußt vereinfachenden Strenge und Geradlinigkeit verwildernd überformt wird: Durch aufkommendes Pflanzenwachstum gestört, von üppigen Gewächsen überwuchert, bildet sich eine neue, vielfältigere und bewegtere Erscheinung heraus, die rationale Gestaltungsmaximen mit den malerischen der Natur verknüpft und gerade aus dieser Synthese den größten Reiz gewinnt.

Mauerzimbelkraut auf der Kalksteintreppe des Wiener Justizpalastes vor der Sanierung

Schwarzstieliger Streifenfarn

Eine derartige konturenauflösende Wirkung geht z. B. vom Mauer-Zimbelkraut *(Cymbalaria muralis)* aus. In der Mauerrauten-Gesellschaft *(Asplenietum trichomano — Rutae murariae)*, die vor allem kalkreiche Mauern besiedelt, kommt diese mehrjährige, immergrüne Kriechstaude vor. Sie ist ein schönes Beispiel für Selbstausbreitung *(Autochorie)*. Nach der Befruchtung wächst der Fruchtstiel bogig in eine Ritze oder Spalte der Mauer oder Treppe, wo die drei Klappen der Lochkapsel aufspringen und die Samen entlassen.[29]

Das Beispiel der alten Kalksteintreppe vor dem Wiener Justizpalast zeigt deutlich, wie sich durch das liebliche Mauer-Zimbelkraut der streng konturierte, „graphische" Eindruck der Anlage zugunsten eines malerischen verliert. Als Neueinwanderer *(Neophyt)* ist das Mauer-Zimbelkraut heute in fast ganz Europa verbreitet und gilt als schützenswert, da seine Wuchsorte zunehmend bedroht sind. Die Treppenanlage vor dem Justizpalast wurde jedoch „saniert", seitdem ist dieser Wuchsort des Zimbelkrauts in der Wiener Innenstadt zerstört.

Wie rasch Verwilderung um sich greift, läßt sich an diesem Bild aus der Erdbebenregion Friaul erkennen: In den wenigen Jahren seit der Erdbebenkatastrophe haben Pflanzen

(Schleierkraut, Beifuß, Kleearten, Gräser, Hopfen u.a.) die Stufen eines Seitenaltars der Kathedrale von Venzone erobert.

Stufen eines Seitenaltars der Kathedrale von Venzone.

Lianen erobern die Vertikale und lösen rankend, schlingend, kletternd und klimmend strenge vertikale Ordnungen auf

Lianen erobern die Vertikale

Nackte Zäune, Drahtgeflechte, Laternenmasten, Plakatwände, Bäume und andere „Aufrechte", kurz alle „Senkrechten" — stellen für vitale Ranker, Winder, Kletterer und Klimmer willkommene Gelegenheiten dar, diese Strukturen als notwendige Unterstützung zur Entwicklung lebensfähiger Pflanzenkörper zu nutzen.

In wenigen Quadratzentimetern Grundfläche wurzelnd, geht von den Eroberern der Vertikale deutliche Raumbildung aus, auch die Stimmung des verwildernden Geländes bleibt nicht unbeeinflußt; so beschwören die üppigen „Vorhänge" von Lianen den Reiz idyllischer Dschungelszenen herauf.

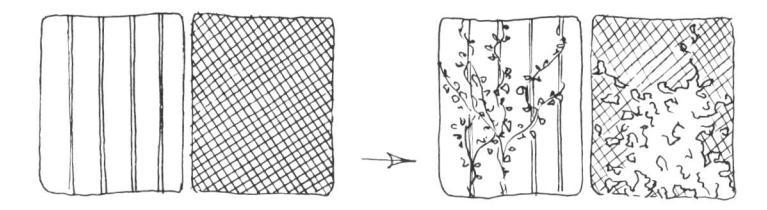

Wie so oft im Verwilderungsprozeß gehen dabei jene aufs Notwendigste reduzierten, geometrisch anmutenden Formen verloren, werden strenge senkrechte Linien, Streifungen, die an Schraffuren erinnern, von wuchernden Bohnen, Hopfen, Knöterich, Platterbsen, Waldreben, Wein, Wikken oder Winden erobert und von deren Stengeln, Ästen und Blattwerk malerisch aufgelöst.

Wilder Wein

Mauerkatze *(Parthenocissus tricuspidata "Veitchii")*

Die Mauerkatze *(Parthenocissus tricuspidata)* wahrt allerdings auch verwildernd die „Form" und verdeutlicht durch ihre Wuchseigenschaften (Haftscheiben — daher auch kein „Anlehnungsbedürfnis") noch die zugrundeliegende Struktur des Überwachsenen in aller Strenge, was ihr den Ruf einer „architektonischen" Pflanze eingetragen hat.

An Zäunen, auf offenen, guten Böden mit fehlender oder lückiger Pflanzenbedeckung (reifere Stadien der Verwilderung) verbreiten sich gerne kurzlebige Lianen, wie die Schmalblättrige und die Rauhhaarige Wicke *(Vicia angustifolia, Vicia hirsuta)*, aber auch einige im Wiener Raum nicht heimische, jedoch in Gärten kultuvierte Nutz- und Zierpflanzen der kurzlebigen Art: die Purpurtrichterwinde *(Ipomea purpurea),* Feuer- und Gartenbohnen *(Phaseolus coccineus, Phaseolus vulgaris).* Sie fallen durch attraktive Blüten und erstaunliche Wuchsleistungen auf: In der kurzen Zeit von der Keimung im Frühjahr bis zum Absterben nach der Samenbildung im Herbst überwinden sie schlingend mehrere Meter Höhe.

Solche Wuchsleistungen sind vor allem für typische „Unkräuter" wichtig: „Sie müssen in der Lage sein, zeitweise Beschattung zu ertragen, oder ihr — wie etwa die Wicken *(Vicia-Arten),* aber auch die mehrjährige Ackerwinde *(Convolvulus arvensis)* und die Platterbsen *(Lathyrus-Arten)* — durch Emporklettern rechtzeitig zu entgehen."[30]

Ein Fenster der „Garvens-Werke" (Wien, Handelskai), wo die Mauerkatze tastend auch über Metallstreben und Glas vordringt.

Gerade von den mehrjährigen Kletterpflanzen gehen intensive und nachhaltige Veränderungen des räumlichen Erscheinungsbildes verwildernder Areale aus:

Acker-Winden *(Convolvulus arvensis),* Bunte Kronwikken *(Coronilla varia),* Hopfen *(Humulus lupulus),* Rotfrüchtige Zaunrüben (Bryonia dioica), Vogel-Wicken *(Vicia cracca),* Wiesen-Platterbsen *(Lathyrus pratensis),* Zaunwikken *(Vicia sepium)* und Zaunwinden *(Calystegia sepium)* erobern die Vertikale, versperren die Sicht, begrenzen den Raum, bewirken Abgeschlossenheit, vervielfachen die Oberfläche assimilierenden Lebens ebenso wie auch häufig verwildernde, kletternde Gehölze:

Efeu *(Hedera helix),* Kultur-Wein *(Vitis vinifera),* Mauerkatze *(Parthenocissus tricuspidata),* Schlingknöterich *(Fallopia aubertii* oder *Polygonum aubertii),* Waldrebe *(Clematis vitalba),* Wilder Wein *(Parthenocissus quinquefolia).*

Ackerwinde *(Convolvulus arvensis),* ein wärmeliebender Kriechwurzelpionier

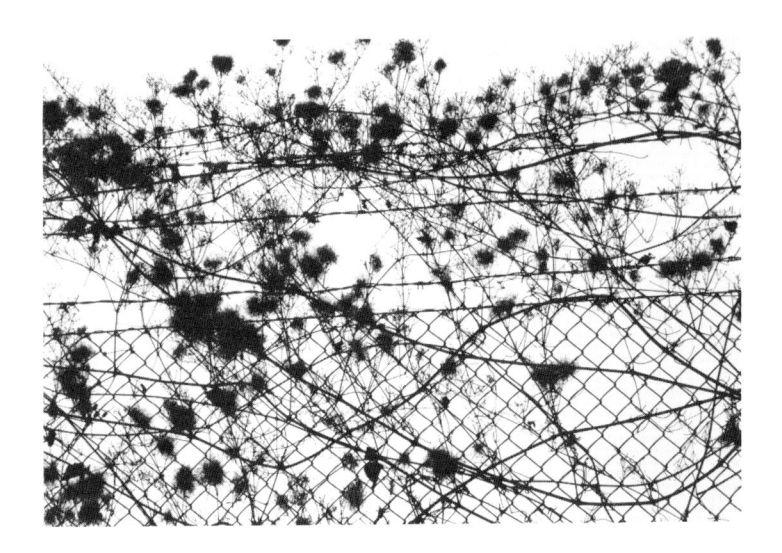

Waldrebe

Der stickstoffliebende Rohbodenpionier Waldrebe *(Clematis vitalba)* klettert mit Blattstielranken dem Licht entgegen, überzieht dabei senkrechte Unterlagen mit einem dichten Gewirr von Stengeln, Ästen, Blättern und Blüten, wodurch er einem banalen Maschendrahtzaun dessen nüchterne Belanglosigkeit und Anonymität nimmt.

Gehölzentwicklung — verwildernd wachsen Strauch- und Baumschichten heran — Schichtenvielfalt entsteht

Ungehindert durch beschränkende Pflegeeingriffe wächst alles dem lebenserhaltenden Licht entgegen. Höherwerdende Pflanzen beschatten dabei kleinwüchsige, die dann gezwungen sind, mit weniger Licht auszukommen, oder gänzlich verdrängt werden. Grenzen diktieren letztlich die höchstwüchsigen Gewächse, nämlich Gehölze, in erster Linie durch ihren Schattenwurf. Deshalb sind sie es, die aus dem Verwilderungsprozeß als die eigentlichen „Gewinner" hervorgehen, vermögen sie es doch, sich nachhaltig — wenn auch ganz allmählich — auszubreiten. So gesehen läßt sich Sukzession auch als eine Ablösung lichtliebender Arten durch nachfolgende schattenertragende verstehen.

Völlig denaturierte Flächen sind auf Sameneintrag von

außen angewiesen: generative (geschlechtliche) Vermehrung trägt in diesen Fällen primär die pflanzliche Wiederbesiedlung. In verwildernden Gärten, Parks und anderen baum- und strauchbestandenen Verwilderungsbereichen hingegen spielen sowohl die vegetative (ungeschlechtliche) Ausbreitung von Gehölzen durch Sproßkolonien (Polykormon-Ausbreitung), als auch ein eventuell vorhandenes „schlafendes Samenreservoir" wichtige Rollen. Denn neben der üblichen Art der Verbreitung von Vorwaldarten und Gartenflüchtern durch Wind, Wasser, Tier und Mensch gibt es „...ein schlafendes Samenreservoir im Substrat, das vielfach dafür sorgt, daß sich die Vorgängergesellschaft wieder durchsetzt. Dreißig bis vierzig Jahre Samenruhe sind dabei keine Seltenheit („dormancy-Effekt")."[31]

Bereits zu Beginn der Verwilderung laufen viele Gehölzsamen im offenen Boden auf. Einige wenige haben gute Chancen, über das Keimlingsstadium hinauszukommen, um

Einsetzende Gehölzentwicklung und zunehmende Schichtenvielfalt am Verwilderungsort

Götterbäume bringen Stimmung in den dicht verbauten Kern Wiens: Ein kleiner, verwildernd entstandener Baumplatz erinnert in seinen Gestaltelementen an jüngste japanische Designtendenzen für Freiräume (an der Wienzeile).

ein paar Jahre später auch die hochwüchsige Stauden- und Gräserflur zu übersteigen. Meist sind es Rohbodenpioniere, lichtliebende (und eher kurzlebige) Holzarten, die als kleine Pflänzchen noch kaum in Erscheinung treten, oft sogar von der rascher wachsenden Krautschicht beschattet und unterdrückt werden. Frühestens nach zwei bis drei Jahren treten diese Vorwaldarten an verwildernden Orten in Erscheinung:

Eschenahorn *(Acer negundo)*, Berg-Ahorn *(Acer pseudoplatanus)*, Götterbaum *(Ailanthus altissima)*, Birke *(Betula pendula)*, Sommerflieder oder Schmetterlingsstrauch *(Buddleia davidii)*, Zürgelbaum *(Celtis occidentalis)*, Blasenstrauch *(Colutea arborescens)*, Spitzlappiger Weißdorn *(Crataegus monogyna)*, Walnuß *(Juglans regia)*, Blasen-Esche *(Koelreuteria paniculata)*, Goldregen *(Laburnum anagyroides)*, Rainweide *(Ligustrum vulgare)*, Tatarische Heckenkirsche *(Lonicera tatarica)*, Bocksdorn *(Lycium halmifolium)*, Garten-Apfel *(Malus domestica)*, Weißer Maulbeerbaum *(Morus alba)*, Birne *(Pirus communis)*, Platane *(Platanus hybridus)*, Silber-Pappel *(Populus alba)*, Schwarzpappel *(Populus nigra)*, Zitterpappel *(Populus tremula)*, Marille, Aprikose *(Prunus armeniaca)*, Kirsche *(Prunus avium)*, Kirschpflaume *(Prunus cerasifera)*, Weichsel *(Prunus cerasus)*, Pfirsich *(Prunus persica)*, Essigbaum *(Rhus typhina)*, Johannisbeeren, Stachelbeeren *(Ribes-Arten)*, Robinie *(Robinia pseudoacacia)*, Hundsrose *(Rosa canina)*, Auen-Brombeere *(Rubus caesius)*, Silber-Weide *(Salix alba)*, Sal-Weide *(Salix caprea)*, Purpurweide *(Salix pupurea)*, Schwarzer Hollunder *(Sambucus nigra)*, Schneebeere *(Symphoricarpus rivularis)*, Flieder *(Syringa vulgaris)*, Eibe *(Taxus baccata)*, Berg-Ulme *(Ulmus glabra)*, Feld-Ulme *(Ulmus minor)* und andere.[32]

Erst nach etwa zehn Jahren erreichen „…die erfolgreichsten Baumindividuen, die großteils zu den Erstansiedlern gehören, denen niedrige Ackerunkräuter nichts anzuhaben vermochten"[33], teilweise Höhen von über zwei Meter und überdecken dabei meist nicht mehr als 10 Prozent einer Verwilderungsfläche. Bis ein Pionierwald das Gelände ganz bedeckt, müssen Jahrzehnte vergehen.

Auch „…auf alten Trümmergrundstücken, die bereits über dreißig Jahre brachliegen, ist zu beobachten, daß Gehölzaufwuchs ganz langsam einsetzt",[34] muß doch die Bodenentwicklung erst so weit fortgeschritten sein, daß eine dauerhafte Existenz für Bäume möglich wird.

Mit ihren „Nahtstellen" zwischen offener Landschaft und dem Inneren von Gebüschen bieten verwildernde Orte mit aufkommenden Gehölzen stark variierende Lebensbereiche: An Säumen finden sich Tierarten des „Offenlandes" und an Stellen mit besonders waldähnlichem Klima sogar charakteristische Waldarten. Gebüsche sind heute oft Zufluchtsorte für ehemals flächenhaft verbreitete Pflanzen- und Tierarten der offenen Landschaft.

Für manche Arten mit insgesamt größerem Lebensraumanspruch können verbuschte Gelände elementare Teilbiotope darstellen: Neststandorte für Vögel, Wildbienen und Hummeln, die zur Nestanlage beruhigte Bodenbereiche oder altes Holz, Holunder-, Brombeer- oder Himbeerzweige benötigen; Aktionszentren für viele Säugetierarten, wie Igel, Zwergspitzmaus, Mauswiesel und Hermelin, die überall dort leben, wo sie genügend Nahrung und geeigneten Unterschlupf finden (Hohlräume im Boden); Aktionszentren auch für Erdkröte und Grasfrosch; Nahrungsbiotop für Blütensucher (Schmetterlinge und Schwebfliegen), Blattlausjäger (verschiedene Wespenarten), aber auch samen- und fruchtverzehrende Singvögel.

Vogelreich sind breite, dichte Gebüsche, während schmale, lichte Gebüschstreifen, in denen kaum Windruhe herrscht, nur sehr dünn oder überhaupt nicht besiedelt sind. Im Innenraum konzentrieren sich Waldkäferarten, die feldähnliche Bedingungen des Außensaumes meiden.[35]

Allgemein stellt sich mit dem Aufkommen einzelner Großgehölze bereits Schichtenvielfalt ein, nimmt der verwildernde Ort immer mehr Züge des „romantischen" Landschaftstypus an. „Der Boden, selten einförmig, zeigt abwechslungsreiches Relief, Haine und Lichtungen, Dickichte und Büsche bilden eine reichhaltige Mikrostruktur."[36] Von der Sonne beleuchtete Sträucher und Bäume demonstrieren Farb- und Helligkeitsunterschiede, ihre Schatten an der sonnenabgewandten Seite erzeugen dichte Stimmung, irisierendes Zwielicht und Sonnenflecken wechseln auf kleinstem Raum, das Areal wird farbiger, „plastischer". Der Mensch erlebt sich darin auf sich selbst zurückgeworfen, den Überraschungsmomenten seiner Umgebung ausgesetzt, mit sich allein, meditativ.

Zu Beginn einer spontanen Gehölzentwicklung im Stadtgebiet nehmen vor allem neophytische Arten (Neueinwanderer) wie Götterbäume, Robinien, Schmetterlingssträucher und Waldreben die in Innenstädten vorherrschenden trockenen und karbonathältigen Standorte ein.[37] Dank ihrer Herkunft aus südlichen Ländern ertragen diese widerstandsfähigen „Stadtpflanzen" hohe Temperaturen und Trockenheit. Sie und die Tiere, die an städtisch-industrielle Standortbedingungen angepaßt sind, „...werden in Zukunft in diesen Gebieten die vorherrschenden Arten sein."[38]

„Unter den Gehölzen, die an ungepflegten Böschungen, auf Brachflächen und auf sonstigem Ödland Fuß fassen, spielt die Robinie *(Robinia pseudoacacia)* insofern eine besondere Rolle, als sie sich unter den ihr zusagenden Klimabedingungen im Süden und Osten Mitteleuropas mehr und mehr einbürgert."[39] Sich selbst überlassene Süd-Böschungen im Wiener Raum entwickeln oft das Aussehen „hellgrüner wuscheliger Frisuren". Sie verdanken diesen Gestalteindruck vitalem Bocksdorn *(Lycium halimifolium)*, einem äußerst wüchsigen, dominanten Strauch, wegen dieser Eigenschaft auch Teufelszwirn genannt.

Grasreiche Bestände „wehren" sich lange und erfolgreich gegen eine Verbuschung durch die „verdämmende" Wirkung ihrer Graswurzeln. Hat jedoch einmal ein Gehölz Fuß gefaßt, so kann auch eine weitere Ausbreitung erfolgen. Die mögliche Entwicklung zum Busch- und Waldstadium läuft jedoch in diesem Fall weniger über generative Ausbreitung (Ansamung), sondern primär — wenn auch viel langsamer — über Sproßkoloniebildung. „Als Sproßkolonie oder

Entstehendes Robinienwäldchen

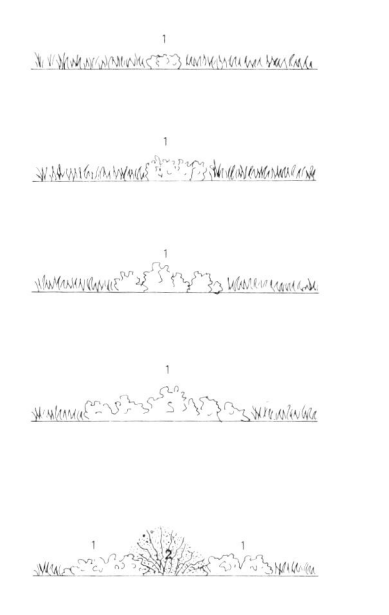

Phasen der Polykormon-Sukzession, nach Jakucs 1972 und Hard 1976. Die Zeichnungen sind als Schnitte durch das Zentrum des Polykormons gedacht. Auf basenreichen Böden z. B. kann das Schema etwa durch folgende Arten ausgefüllt werden: 1 *Prunus spinosa* (Schlehe), 2 *Cornus sanguinea* (Hartriegel), 3 hochwüchsige Sträucher und Bäume, z. B. *Quercus robur* (Stieleiche), *Prunus avium* (Vogelkirsche), *Sorbus torminalis* (Elsbeere), *Fraxinus excelsior* (Esche).

Polykormon bezeichnet man eine Gruppe von Pflanzen, die durch vegetative Vermehrung — Ausläufer, Rhizome — aus einer Pflanze hervorgegangen sind und infolgedessen wenigstens teilweise noch miteinander zusammenhängen."[40]

Trotzdem ist das Vorrücken des Waldes (Migration) in erster Linie auf das Vorkommen von offenem Boden — also auf Bodenverwundungen in einer sonst geschlossenen Pflanzendecke, auf Erosionsspuren, Tierbauten (z. B. Maulwurfshügel), verfallenes Mauerwerk, Steinhaufen etc. „...angewiesen, also auf die Entfernung der ober- und unterirdisch konkurrierenden Vegetation. Doch auch dann erfolgt die Besiedlung durch Windfrüchtler (Anemochor) nur bis 15 — 20 m Entfernung von den Samenbäumen. Ausgenommen sind lediglich hohe windfrüchtige Bäume, deren Reichweite bei 50 — 100 m endet."[41] (Distanz-Effekt)

Daher ist, obwohl Wald in unseren Breiten die häufigste Klimaxgesellschaft darstellt, eine rasche Verwaldung großer Verwilderungsflächen nur unter besonderen Umständen zu erwarten, und nur auf einem geringen Teil verwildernder Orte. Die potentielle natürliche Vegetation, die das Gebiet bedeckte, bevor es der Mensch für sich in Anspruch nahm, läßt allerdings lange auf sich warten und kann sich erst ansiedeln, wenn wieder ähnliche Standortverhältnisse wie ehemals herangereift sind.

DAS ENDE DER VERWILDERUNG — WALD HAT SICH ENTWICKELT

Die Eigenart des Waldes besteht darin, zu gleicher Zeit geschlossen und allseitig geöffnet zu sein.

GASTON BACHELARD

Verwildern ist „wild" werden. Die Sprachwurzel des deutschen Wortes „wild" leitet sich von „Wald" ab und bedeutet „im Walde wachsend". Somit ist das letzte Stadium der Verwilderung dann erreicht, wenn — wild geworden — sich Wald entwickelt hat. Denn, „...wo man der Sukzession freien Lauf ließe, würden ruderale Neueinwanderer schließlich den in Mitteleuropa einheimischen Baumarten und ihren Gesellschaften weichen müssen."[42]

Im besten Fall — und nach langer Zeit — ist dann aus einem anthropogen geprägten Ort unter freiem Himmel eine Waldlandschaft geworden, wie sie ehemals für weite Teile Mitteleuropas charakteristisch war (im Wiener Becken etwa ein Eichen-Hainbuchen-Wald).

In diesem Stadium kann oft nur noch ein geübtes Auge entdecken, wo ehemals gravierende Eingriffe durch den Menschen stattgefunden haben. Floristische „Methoden der Wüstungsdiagnose"[43] helfen allerdings, in größeren Waldgebieten diese Orte aufzufinden, da „...Störungen, die eine Veränderung der Standortfaktoren bewirken, in den Pflanzengesellschaften einen deutlichen Niederschlag finden. So zeigen Wälder, die nach Flurwüstungen wiederentstanden sind, eine auffällige Verarmung an Arten. Durch die ungeheure Anreicherung an Pflanzennährstoffen weisen Siedlungswüstungen andererseits eine deutliche Zunahme von düngerliebenden Pflanzen auf."[44]

So sind es in erster Linie Arznei-, Kultur- und Gartenpflanzen, die aus anderen Klimagebieten stammen können, sich in der Kultur weitgehend an die am Ort herrschenden Verhältnisse angepaßt haben und sich lange Zeit auch unter dem Waldschatten erhalten können.

Einige Beispiele solcher Pflanzenarten:

Blaustern *(Scilla bifolia)*, Brennessel *(Urtica dioica)*, Efeu *(Hedera helix)*, Eibisch *(Althaea officinalis)*, Gefleckte Taubnessel *(Lamium maculatum)*, Glaskraut *(Parietaria officinalis)*, Holunder *(Sambucus nigra)*, Immergrün *(Vinca minor)*, Katzenminze *(Nepeta cataria)*, Melisse *(Melissa officinalis)*, Nelkenwurz *(Geum urbanum)*, Osterluzei *(Aristolochia clematitis)*, Pimpernuß *(Staphylea pinnata)*, Ruprechtskraut *(Geranium robertianum)*, Schöllkraut *(Chelidonium majus)* und andere.

„Diese für Wüstungen im Klimaxgebiet des Eichen-Hainbuchen-Waldes bezeichnende Flora hält sich durch sehr lange Zeiträume, sodaß beispielsweise Wüstungen, die aus dem Mittelalter stammen, sehr reich und daher leicht zu erkennen sind."[45]

In diesem baumbestandenen Endstadium der Verwilderung, im Wald, wird der Himmel kaum mehr als Gewölbe erfahren, da er zwischen die Konturen von Bäumen gedrängt ist, wo es „…vor allem die Behinderung des Blicks durch die Dinge selbst ist, durch Baumstämme und Sträucher, durch die Zweige und Blätter, die den Menschen in einem engen Bereich, fast wie eine Art Innenraum, einschließen. Der Blick dringt nur wenige Meter in den Wald ein und verliert sich dann zwischen den Baumstämmen."[46]

Die Dominanz des Vegetativen hat ihren Höhepunkt erreicht, Mauern sind unter Boden und Pflanzen versunken und „Teil" der Vegetation geworden. Die Komplexität der Gestaltbildung hat sich wieder reduziert und das Erscheinungsbild folgt nur noch den Prinzipien „natürlicher Formgebung".

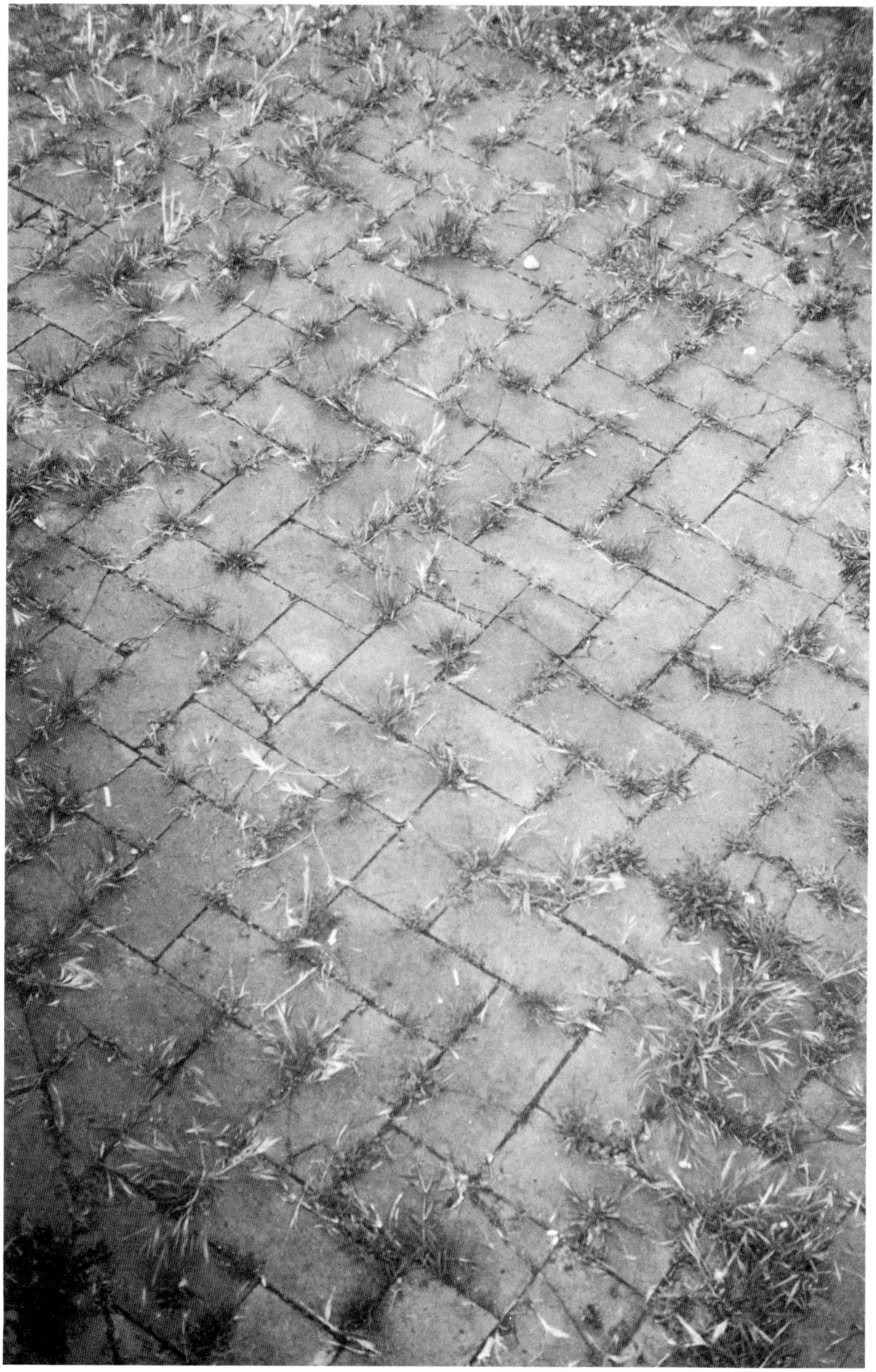

Gestaltänderung verwildernder Areale durch menschliche Nutzung

„Will man als Außenstehender etwas mehr über einen Ort erfahren, muß man lernen, Spuren von Nutzungen zu finden und zu interpretieren."

HEINEMANN UND
POMMERENING

Sich selbst überlassen, bleiben verwildernde Areale meist nicht gänzlich ohne Nutzung. Dies führt je nach deren Art, Intensitätsgrad und -dauer ebenfalls zu gestaltverändernden Prozessen, in den meisten Fällen zu einer Einschränkung und/oder Änderung der Vegetationsbedeckung und pflanzlichen Sukzession.

Schließlich ist das Vorkommen ruderaler Vegetation ausschließlich auf menschlichen Einfluß zurückzuführen, der sich auch auf die weitere Entwicklung solcher Pflanzengesellschaften auswirkt. Ein einmal entstandener Trittrasen etwa braucht auch weiterhin ständigen Betritt, soll er sich als solcher erhalten, wohingegen manche andere Vegetationseinheiten nur durch Ungestörtheit bestehen können.

Aufforderung zur Aneignung

Das offensichtliche Fehlen einer „ordnenden Hand", also Sanktionen setzender Personen oder Vorschriften, löst im Umgang mit verwildernden Arealen Unbefangenheit aus und begünstigt die Aneignung dieses Gebietes. Zu diesem Aufforderungscharakter trägt auch das Fehlen einer definierten Nutzung der Fläche bei, noch unterstrichen durch die allmähliche Ansiedlung sehr spezialisierter Pflanzengesellschaften, die ihrerseits auf die Art der Nutzung ihres Wuchsortes durch Menschen schließen lassen. Die Vegetation wird also zum Signal und gibt Auskunft über Aneignungschancen: „Jeder, der ein Brennessel- oder Beifußgestrüpp sieht, weiß, auch ohne die Pflanze zu kennen, daß hier Flächen sind, die ohne Einspruch betreten oder genutzt werden können."[1]

Betritt

Eine der sichtbarsten menschlichen Nutzungen ist der Betritt. Häufiges lineares Begehen verursacht spontane Pfade, aus einer Menge solcher Pfade entstehen ganze Wegenetze. Sie sind die ursprünglichen „Erschließungssysteme" verwildernder Areale.

Am Kreuzungspunkt der Pfade oder an anderen attraktiven Stellen im Verwilderungsgebiet erweitern sich schmale

„Gehlinien" zu kleinen Plätzen.² Abgetreten vom bodenverdichtenden, pflanzenverletzenden Schritt des Menschen entwickeln sich, je nach Belastung, entweder Kahlstellen oder sehr spezifische, gut angepaßte Pflanzengesellschaften, sogenannte Trittgesellschaften.

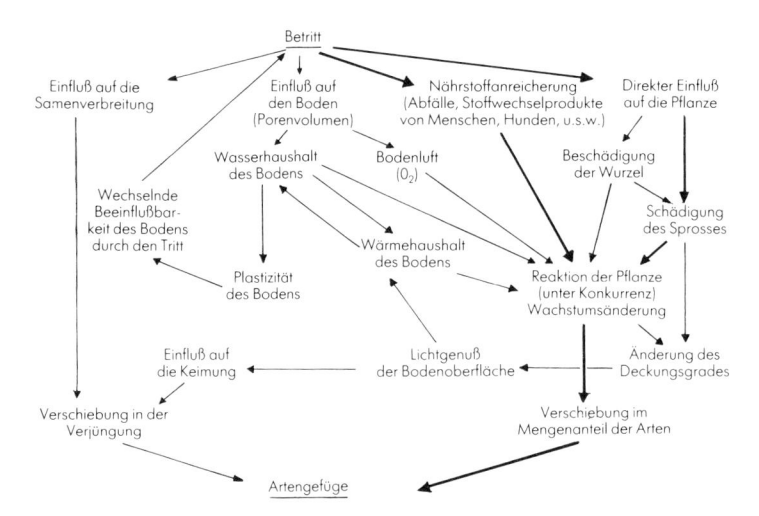

Diagramm: Wirkungsgefüge des Betritts auf Pflanzen und Boden

Nach Ellenberg und Lieth

Trittpflanzengesellschaften

An starke Bodenverdichtungen und mechanische Beanspruchung müssen Pflanzen der Trittgesellschaften — alle zusammengefaßt im Verband der Vogelknöterich-Trittgesellschaften *(Polygonion avicularis)* — gut angepaßt sein. Voraussetzungen dafür sind: „Kleinheit der ganzen Pflanze, Kleinheit der Blätter, gutes Regenerationsvermögen, Festigkeit der Gewebe, Biegungsfähigkeit, Bildung von Ausläufern und dadurch Besiedlung von Stellen, an denen Keimlinge nicht aufkommen könnten."³ Diese, von Natur aus vorhandenen Eigenschaften, werden durch Betritt sogar noch verstärkt.

So findet man an mehr oder weniger betretenen Stellen in Ballungsräumen in den vertieften Fugen zwischen Pflastersteinen oder in Ritzen der Asphaltdecke, im Schotter, je nach Lichteinfall, Bodentyp und Wasserangebot, vor allem folgende Pflanzen:

Strahlenlose Kamille

Vogelknöterich *(Polygonum aviculare)*, wohl die wichtigste Trittpflanze; an nährstoffreichen Stellen Breitwegerich *(Plantago major)* und Deutsches Weidelgras *(Lolium perenne)*; Strahlenlose Kamille *(Matricaria discoidea)*, Einjähriges Rispengras *(Poa annua)*, Weißklee *(Trifolium repens)*; an besonders trockenen, sonnigen Standorten Ausdauerndes Hundszahngras *(Cynodon dactylon)* und das einjährige Kleine Liebesgras *(Eragrostis poaeoides)*; eher im Schatten Silbermoos *(Bryum argenteum)* und Mastkraut *(Sagina procumbens)*.

„Die meisten Arten haben sich (wie auch die im Bild gezeigte Strahlenlose Kamille) der starken mechanischen Beschädigung durch das Begehen angepaßt und bilden Kümmerformen, die dennoch blühen und fruchten."[4]

Die Konkurrenz höherwüchsiger Pflanzen ist durch die Trittbelastung ausgeschaltet, weshalb eine kleinwüchsige Mastkraut-Silbermoos-Gesellschaft etwa bei gleichbleibender Belastung stabil ist.

Locker wachsendem einjährigen Trittrasen folgen mehrjährige Rasengesellschaften, die bindig-tonige und nährstoffreichere Böden flächendeckend besiedeln. Diese Trittrasen sind in ihrer floristischen Zusammensetzung Mähweiden verwandt.

Bei häufigerem Betreten kommen die trittfesteren mehrjährigen Arten wie Weidelgras und Breitwegerich zur Dominanz. Wird die Trittintensität noch größer, wandern in die entstehenden Lücken Arten der einjährigen Trittgesellschaften, wie einjähriges Rispengras und Vogelknöterich ein.

Bei geringerer Belastung wandelt sich das Artenspektrum durch Einwanderung von Grünlandarten zu Scherrasen oder Wiesen.[5]

Diese Trittpflanzengesellschaften durchdringen sich oft mit weniger trittfesten, höherwüchsigen Grasbeständen: „An sandigen Stellen, die so sehr gestört werden, daß hochwüchsige ausdauernde Arten nicht zur Vorherrschaft gelangen können, die aber doch nicht zu stark betreten werden, entwickelt sich eine von einjährigen Gräsern beherrschte Gesellschaft, in der Dachtrespen *(Bromus tectorum)*, Taube Trespen *(Bromus sterilis)* und vor allem Mäusegersten *(Hordeum murinum)* den Ton angeben."[6]

Mäusegerstenrasen überdauern an relativ mageren Standorten einige Jahre lang, obwohl sich die Pflanzen von Jahr zu Jahr neu aus Samen bilden müssen. „Die Gesellschaft benötigt ziemlich viel Licht und verschwindet deshalb rasch, wenn sie von ausdauernden Arten überwachsen wird. Sie kann sich daher nur dort länger halten, wo die Standorte durch mäßige Tritteinwirkung offengehalten werden und zusätzlich eine gewisse Düngung durch Staub erfolgt."[7] Letzteres hat dieser Assoziation den Ruf einer Zeigergesellschaft für Schadstoffbelastung eingetragen.

Inselförmig zeichnet diese Mäusegerstenflur die Strömungslinien des Windes nach und erinnert damit an ein meditativ stimmendes Motiv japanischer Gärten.

Pflasterflächen mit offenen Fugen

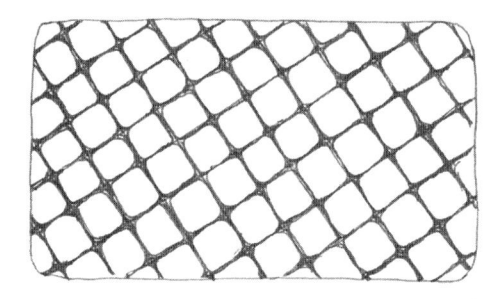

Eine von Pflanzenwuchs freigehaltene Pflasterfläche...

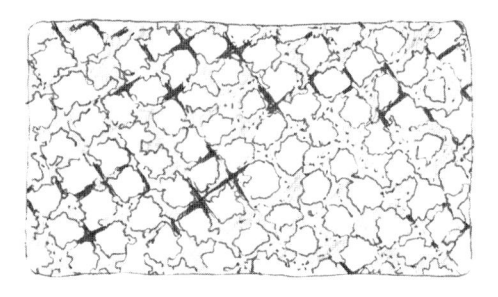

...verwildert, wenn sie sich selbst überlassen bleibt. Sie wird von Pflanzen besiedelt, doch der Tritt...

...des menschlichen Fußes schränkt die Wiedereroberung durch Pflanzen erneut ein: entlang von Gehlinien entsteht ein Pfad

Teilbereiche von Pflasterflächen, die sich außerhalb der Gehlinien (der meist begangenen Zonen) befinden, also wenig betreten werden, verwildern rasch. Der Pflasterbelag ist bald kaum mehr sichtbar, die „künstliche" Ausgangssituation wird von der Natur vor allem visuell wiedervereinnahmt. Trotzdem bleibt der verwildernde Pflasterbelag nutzbar, bei Bedarf kann mit allen Vorzügen befestigter Oberflächen gerechnet werden.

Pflanzen, die an einem solchen Wuchsort von selbst auf-

Breitwegerich-Weidelgras-Flur in Fugen einer Pflasterfläche

kommen, entsprechen immer sehr genau den spezifischen Ausprägungen des Standorts, besser etwa als genormte Ansaatmischungen. Obendrein findet „...mit zunehmendem Alter eine Verschiebung des Artengefüges von den Allerweltsarten zu den Arten statt, die die Standortsverhältnisse genauer charakterisieren."[8]

Im Gegensatz zu Betonflächen, die den Boden „versiegeln", im Verwilderungsprozeß also erst durch Frostsprengung aufgesplittert werden müssen, bevor sie von Pflanzen besiedelt werden können, bieten „in-Sand-verlegte" Plattenbeläge ihre Fugen sofort als Keimbett an.

Goldruten, Gräser und einige Pappeln haben diese Pflasterfläche bereits erobert. Doch ein kleiner, zentraler Platz bleibt durch häufigen Betritt frei von Pflanzenwuchs.

113

Die Anzahl der Fugen pro Flächeneinheit und ihre Breite ist ausschlaggebend für das Wachstum von Pflanzen. Dieses Bild der traditionellen Trottoir-Pflasterung in Berlin zeigt die Unterschiede in der Nährstoff- und Wasserversorgung deutlich. Die Lebensbedingungen im Bereich des Kleinsteinpflasters sind wesentlich günstiger; von den großen, auf Stoß verlegten Platten hingegen läuft zu viel Wasser ab, ihre Fugen sind zu eng, auch die Belastung durch Betritt ist in diesem Fall wohl größer.

Die gestaltverändernde Wirkung des Kinderspiels

Kinder hinterlassen Spuren ihres Spiels: aufgegrabene Löcher, die dann zu Ansatzstellen für die Verbuschung grasreicher Areale werden, Feuerstellen, auf deren verkohlten Resten sich besonders gerne „Kahlschlagpflanzen" ansiedeln (Weidenröschen etc.). Stengel und Äste von Sträuchern, für „Pfeil und Bogen" abgeschnitten, regen Gebüsche zu verstärktem Austrieb an, was Verjüngungsmethoden des „Auf-Stock-Setzens" ähnelt.

All das und „...Beobachtungen von Pennerlagern bis zur selbstgebauten Hütte zeigen, daß Ruderalflächen Aneignungsprozesse möglich machen, die in geordneten Parkanlagen nicht geduldet werden",[9] und dies nicht zuletzt wegen ihrer gestaltverändernden Wirkung.

Wilde Mülldeponien

Unordentlich, ungepflegt, unbeaufsichtigt, „nur a Gstettn" — das wienerische Synonym für verwilderte Flächen umschließt auch die stille Andeutung der Möglichkeit, hier Lästiges ungeniert los zu werden. Fehlende Wertschätzung, Bequemlichkeit und Respektlosigkeit vor selbstentwikkeltem Grün machen solche Areale oft zu „wilden Deponien", auf denen sich anhäuft, was eine Wegwerfgesellschaft im Vorbeigehen fallen läßt oder — alle Müllbehandlungsvorschriften der Einfachheit halber umgehend — extra ankarrt, um es im ruderalen Gestrüpp unbemerkt verschwinden zu lassen.

Doch manche dieser „Übergriffe" verwandeln robuste Ruderalpflanzen auf reizvolle Art unter Verwendung alles Brauchbaren in „städtische Natur".

Sie besiedeln das „neugebildete" Kleinrelief des Areals: stickstoffreichen Hausmüll ebenso wie kalkreiche Bauschutthaufen; Holzteile werden von der „Schlagflora" überzogen. Nahezu unverrottbares Plastik und toxische Substanzen können allerdings auch diese vitalen Pflanzengesellschaften nicht „ungeschehen", höchstens „ungesehen" machen.

> Leich ma deine Operetten
> und dein goldenen Hamur,
> i hau's außi auf die Gstätten
> wäu dann ham ma unser Ruah!
>
> PETER ORTHOFER

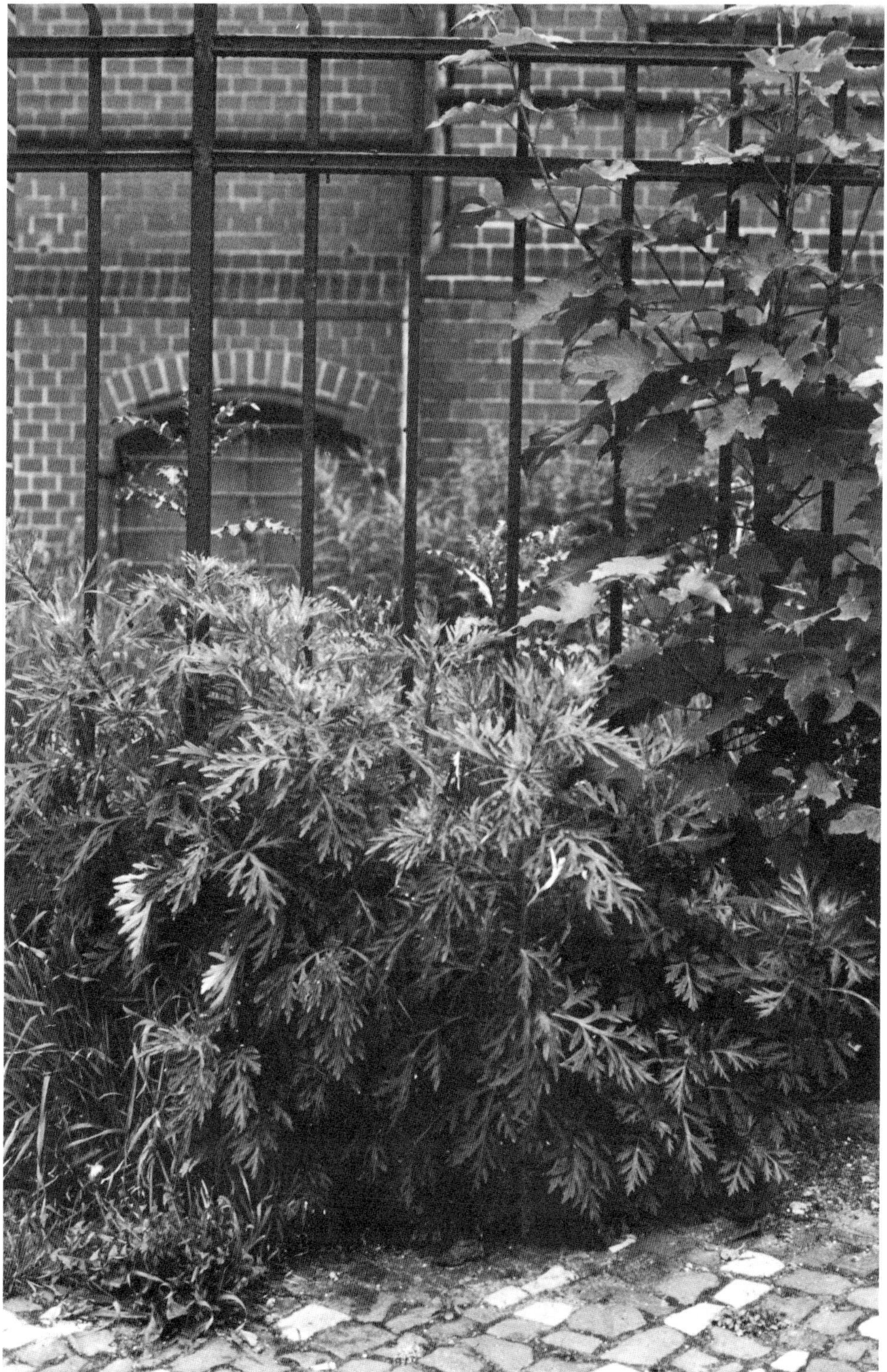

Verwilderung in der Stadt

Die Bepflanzung öffentlicher Grünflächen spiegelt den Natursinn des Gemeinwesens wider.

Entwicklungen in Städten werden entscheidend vom Menschen beeinflußt. Er verändert städtische Biozönosen — also jene sich unter bestimmten Bedingungen im dynamischen Gleichgewicht erhaltenden Bevölkerungssysteme von Pflanzen, Tieren und Menschen —, indem er Handlungen setzt, die zumeist flächenhaft tiefgreifende Veränderungen der Lebensstätten (Biotope) bewirken und in der Folge auch für einzelne darin lebende Organismen.[1] Längst können daher nicht mehr Einzelschutzmaßnahmen, wie Sammelverbote etc., den Schutz heimischer Pflanzen- und Tierarten gewährleisten, sondern nur eine flächige Erhaltung komplexer Lebensräume (der Flächenschutz).

Klimatisch gesehen zeichnen sich Städte gegenüber dem Umland „...durch ein im Durchschnitt meist wärmeres Mikroklima (insbesondere in der kälteren Jahreszeit für viele Arten wichtig!), nicht selten hohe Stördichte durch menschliche Aktivitäten, höheren Anfall von Nahrung (Abfälle), größere Belastung mit Emissionen und Bioziden sowie durch meist große Biotopvielfalt auf engstem Raum aus. Dabei werden die Biotope in der Regel von Häuserzeilen, Verkehrswegen, Mauern und anderen Hindernissen umgeben, welche die Ausbreitung von Tier- und Pflanzenarten behindern können. Generell sind hierbei aber erhebliche Unterschiede z. B. vom Zentrum der Siedlungen hin zu den Randbereichen festzustellen."[2]

Öffentliche Grünflächen und Parkanlagen unterscheiden sich leider in ihrer Artenvielfalt oft kaum von den artenärmsten Gebieten der Innenstädte, meist infolge intensiver Pflege und alljährlichen Herbizideinsatzes. Doch trotz der gegenwärtigen massiven Eingriffe in die Lebensstätten der Pflanzen- und Tierwelt gewinnen städtische Freiräume „...in einer Zeit, in der im Umland infolge biologisch schädlicher Landbaumethoden eine artenreiche Lebenswelt immer seltener wird, langfristig möglicherweise als Rückzugsgebiete für gefährdete Tier- und Pflanzenarten neue Bedeutung".[3] Heute schon können innerstädtische Brachflächen, Gleissaumbereiche, Bahnreliktflächen und auch extensiv gepflegte öffentliche Freiräume in ihrer floristisch-faunistischen Reichhaltigkeit als wesentliche Rückzugsgebiete betrachtet werden.

Am Rand der Städte erfüllen Grenzbereiche zwischen städtischen und „landschaftlich" genutzten Flächen, ohne die Zwänge gepflegter Perfektion, wichtige Ergänzungsfunktionen zu innerstädtischen Freiräumen. Sie sind in ihrem Artenreichtum allerdings meist durch neuerliche Nutzungsintensivierung (beispielsweise Industrieansiedlung) bedroht.[4]

Die Tierwelt reagiert auf menschliche Siedlungen unterschiedlich: „Einige Arten, insbesondere störungsempfindliche Säugetiere, Vögel und Reptilien meiden sie. Andere, vermutlich das Gros der Wirbellosen (z.B. Blattläuse, Kleinkrebse oder Rädertierchen), zeigen keine unmittelbare Reaktion auf Siedlungsstrukturen, Anwesenheit und Aktivitäten des Menschen. Ihre Vorkommen und Siedlungsdichten werden vielmehr im wesentlichen indirekt, über die Qualität und siedlungsbedingten Abwandlungen der Biotope, teil-

Nicht mehr „belegt", kann auch ein alter, verwildernder Friedhof zum beliebten, von eigentümlich melancholischer Stimmung erfüllten, städtischen Freiraum werden.

weise auch über deren Entstehungsgeschichte und Zugänglichkeit bestimmt."[5] Eine teilweise oder völlige Zerstörung bedeutsamer Biotoptypen (Brachen, verwilderte Orte, Ruderalflächen, ungenutzte Spontanvegetation niederer Sukzessionsstufe an Böschungen, auf Bauerwartungsland u.a.) durch pflegende Eingriffe stellt daher eine beträchtliche Reduzierung der Fauna dar, weshalb in einer Extensivierung der Pflege innerhalb städtischer Grünanlagen und in der Bereitstellung von Regenerations- und Überdauerungsmöglichkeiten für eine gebietstypische Ruderalflora mögliche Wege des Tierartenschutzes liegen können.[6]

Mit seinen zahlreichen ungenutzten Flächen kann der Siedlungsbereich auch als Entwicklungsort einer gefährdeten heimischen Flora angesehen werden, da sich auf Bauerwartungsland, Ödland, vernachlässigten Anlagen, extensiv bewirtschafteten Grünflächen etc. heimische Wildpflanzen ausbringen und vermehren lassen. Allerdings sollte ein Ausbringen (Anpflanzen, Aussäen) gefährdeter Pflanzen als Mittel zu ihrer Erhaltung lediglich als Notmaßnahme gelten und nur unter Einhaltung der „Leitlinien zur Ausbringung heimischer Wildpflanzen"[7] stattfinden. Eine Möglichkeit der Schädigung intakter Pflanzengesellschaften durch das Ausbringen gefährdeter Wildpflanzen führt dazu, daß als Pflanzenstandorte vorzugsweise künstlich geschaffene Areale (Rekultivierungsflächen, Ränder von Verkehrswegen u.a.) und nicht mehr bewirtschaftete, also verwildernde Bereiche gewählt werden, und nur in Ausnahmefällen naturnahe Areale oder gar Naturschutzgebiete.

Da jedoch auch für den Teil der Menschheit, der keine Angst vor Unübersichtlichkeit hat, kaum Gelegenheit besteht, der gegenwärtigen Art von Ordnung zu entkommen,[8] kann gerade Verwilderung im städtischen Raum „Rückzugsräume" (nicht nur für Pflanzen und Tiere) schaffen, und es ebenso Menschen ermöglichen, sich innerhalb größerer Freiflächen, allein oder in kleineren Gruppen, für die Zeit eines Aufenthaltes an einem Ort ein „eigenes Territorium" zu wählen; beispielsweise die freibleibenden Stufenflächen zwischen einzelnen Gehölzen des spontan aufkommenden Wildwuchses. Solche Nischen im städtischen Freiraum — wie die im Bild gezeigten Lücken des Wildwuchses auf den Stufen am Donaukanal — fordern geradezu auf, sie vorübergehend als einen zur Erholung geeigneten Ort zu „besetzen". (Leider wurde diese in der Abbildung gezeigte Qualität des Wiener Stadtraumes inzwischen 'totsaniert'!)

Kaitreppe am Donaukanal

Den Städten und ihren Planungsämtern käme also die Aufgabe zu,[9] zum Verwildern geeignete Flächen auszuweisen und aus bestehenden wie künftigen (z. B. nach dem Abriß veralteter Industrieanlagen) Verwilderungsbereichen zusammenhängende Grünflächensysteme der extensiv gepflegten Art entstehen zu lassen, wofür freilich auch Teile von Schulhöfen, Parkanlagen, Abenteuerspielplätzen u. ä. in Frage kommen.[10]

Konflikt Artenschutz — Erholungsnutzung

Zwischen den Zielen des Artenschutzes einerseits und einer Nutzung verwildernder Arcale durch die ansässige Bevölkerung andererseits entstehen allerdings Konflikte: zertretene Pflanzen, allmähliche Verschiebung der Sukzession in Richtung Trittpflanzengesellschaft, Beunruhigung von Tieren... All das sind übliche Folgen einer unbefangenen Freiraumnutzung und bedeutet oft erhebliche Belastungen für den erstrebten Artenschutz, vor allem wenn Flächen relativ klein sind und großer Nutzerdruck von seiten der Bevölkerung herrscht. Diese beiden Faktoren (Größe des Areals und Nutzerdruck) entscheiden, ob so konfliktträchtige Nutzungen wie Artenschutz und Erholung miteinander kombiniert werden können. Sukzessionslenkung kann beispielsweise größere Robustheit gegenüber intensivem Betritt bringen — wodurch die Vegetation dann allerdings auch artenärmer wird — jedoch auch die Erholungsnutzbarkeit behindern, wenn etwa eine gezielte „beschleunigte Verbuschung" ein ehemals weites Gelände in kurzer Zeit stark aufkammert, um gerade dadurch geschützte und beruhigte Bereiche für Pflanze und Tier zu gewinnen.

Lenkung der Sukzession und punktuelle Maßnahmen, wie geschickte Änderungen im Wegenetz der Spontanpfade, hin und wieder ein Griff ins gestalterische Repertoire, der beispielsweise die Nutzer von einem besonders störungsempfindlichen Bereich ablenkt oder sie in weniger „anfällige" Zonen zieht, ermöglichen es, in größeren Verwilderungsarealen Artenschutz und Erholung zu mischen. Existierende „eindrucksvolle Beispiele der Rückeroberung städtischen Raums durch die Natur" (etwa das einige Hektar große Ruinenfeld des Diplomatenviertels in West-Berlin) können so als „Erholungsgebiete neuen Typs" erschlossen werden.[11]

Die wichtige Ergänzungsfunktion verwildernder Bereiche zu herkömmlichen städtischen Freiräumen kann aber auch die Mode der Natur- und Naturschutzgärtner in Frage stellen, die die Tendenz hat, Nutzer, Nutzbarkeit und Entwicklung, nämlich Alterung städtischer Freiräume auszuschließen: da die Natur- und Naturschutzgärtner ebenso wie die Stadtgärtner eine genau bestimmte „ästhetisierte" Vegetation herstellen und erhalten wollen, müssen sie, um einen einmal erreichten, naturschutzwürdigen Zustand der Vegetation stabilisieren zu können, die Nutzung aussperren und gezielte Pflegemaßnahmen durchführen. „Eine neuerliche Stilisierung des Stadtgrüns, die nur die einen durch die anderen Stadtgärtner ersetzt, gefährdet nun die sogenannten 'dysfunktionalen' Freiräume, die verstärkt entzogen werden."[12]

„Es gilt also, den schmalen Pfad zwischen einer ungepflegten, artenreichen und einer für die Bevölkerung nutzbaren Qualität zu finden."[13]

„Individuelle" Wildnis

Vegetation benötigt zunächst einmal Wuchsorte, die heute mit kaum zu beschreibendem Perfektionismus im größten Teil des Siedlungsraums durch Versiegelung zerstört werden. So gibt es kaum noch eine Straße, einen Weg, Abstellflächen, Parkplätze oder Garageneinfahrten, die nicht asphaltiert oder zubetoniert sind, sodaß Pflanzen größte Schwierigkeiten haben, überhaupt aufzukommen.[14] Gerade im privaten Einflußbereich des Stadtbewohners läßt sich aber durch eine geringere Versiegelungsquote ökologisch

Eine vorgegebene schlichte Grundstruktur darf verwildern.

Wohnbau von Doris und Ralph Thut

wichtige und ästhetisch reizvolle Verwilderung realisieren. In Teilen des Gartens, an Hausfassaden, auf Flachdächern, an Zäunen usw. kann durch Extensivierung der Pflege und Duldung des aufkommenden Wildwuchses diesem Anerkennung für seine Robustheit, seine ökologische, klimatische und wasserwirtschaftliche Bedeutung gezollt werden.

Darüber hinaus könnte die Übereinkunft mehrerer Nachbarn mit aneinandergrenzenden Grundstücken dazu führen, daß relativ kleine Gartenteile der einzelnen Besitzer zu einem gemeinsamen, größeren (siehe Skizze), sich selbst überlassenen Verwilderungsbereich, zum artenreichen Kleinbiotop zusammenwachsen.

Für derartige Absprachen zwischen Nachbarn wäre die Beiziehung von Fachleuten wünschenswert, da diese die Rolle der Vermittler zwischen den Wünschen und Vorschlägen einzelner oder verschiedener sozialer und kultureller Gruppen übernehmen könnten,[15] denn „...unterschiedliche Auffassungen und Einstellungen prallen in praktischen Fragen des Umgangs mit dem Haus und seiner Umgebung aufeinander; z. B. bei der Gestaltung der Freiflächen: für den einen sind das faszinierende Pflanzen, die für ihn halt unbekannt sind und die schaut er an, wenn sie so klein aus dem Boden kommen und dann kommt halt ein anderer, der sagt: Was willst du mit dem Unkraut?"[16]

Die Bepflanzung dieses „Vorgartens" im Informationsbereich der Internationalen Gartenschau München 1983 setzte sich in erster Linie aus Ruderalpflanzen zusammen.

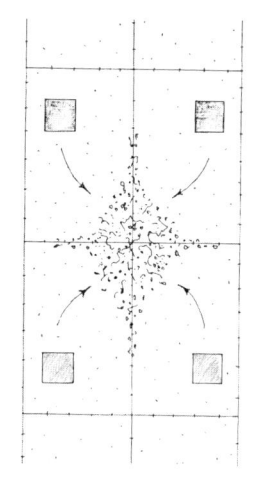

Um Städtern im dicht verbauten Gebiet das Erlebnis „wilder Natur" zu ermöglichen, sollten ein hypothetischer Pflasterbelag aufgerissen, die Pflastersteine zu kleinen Hügeln (siehe Entwurfskizze) außerhalb der Gehlinie geschichtet (das Motto lautete Steingarten) und so vitalen „Stadtpflanzen" in unbetretenen Bereichen Lebensräume gewährt werden.

Ein Steinhaufen im Vorgarten — als mythisches Zitat des alten Griechenland — wo der Gott Hermes, von einem Steinhaufen abstammend, dessen größter, aufgerichteter Stein „Herme" genannt wurde, für gesegneten Ein- und Ausgang sorgen sollte.

Der Vorgarten wirkte wegen der vielen „Unkrautpflanzen" schlicht, unprätentiös und nutzbar, weshalb IGA-Besucher auch keine Scheu hatten, sich auf den angebotenen Blöcken niederzulassen.

Immer gibt es Möglichkeiten, Teile des eigenen Gartens verwildern zu lassen, oder dies wenigstens punktuell zu akzeptieren. Überhaupt sollte Planung „...nicht *endgültige* Lösungen vorsehen, sondern nur Strukturen anlegen, die den Nutzern Sicherheit für die Aneignung der Fläche geben."[17]

„Steingarten" auf der Internationalen Gartenschau in München 1983 (Arge Grün, Wien)

Entwurfsskizze zum Steingarten

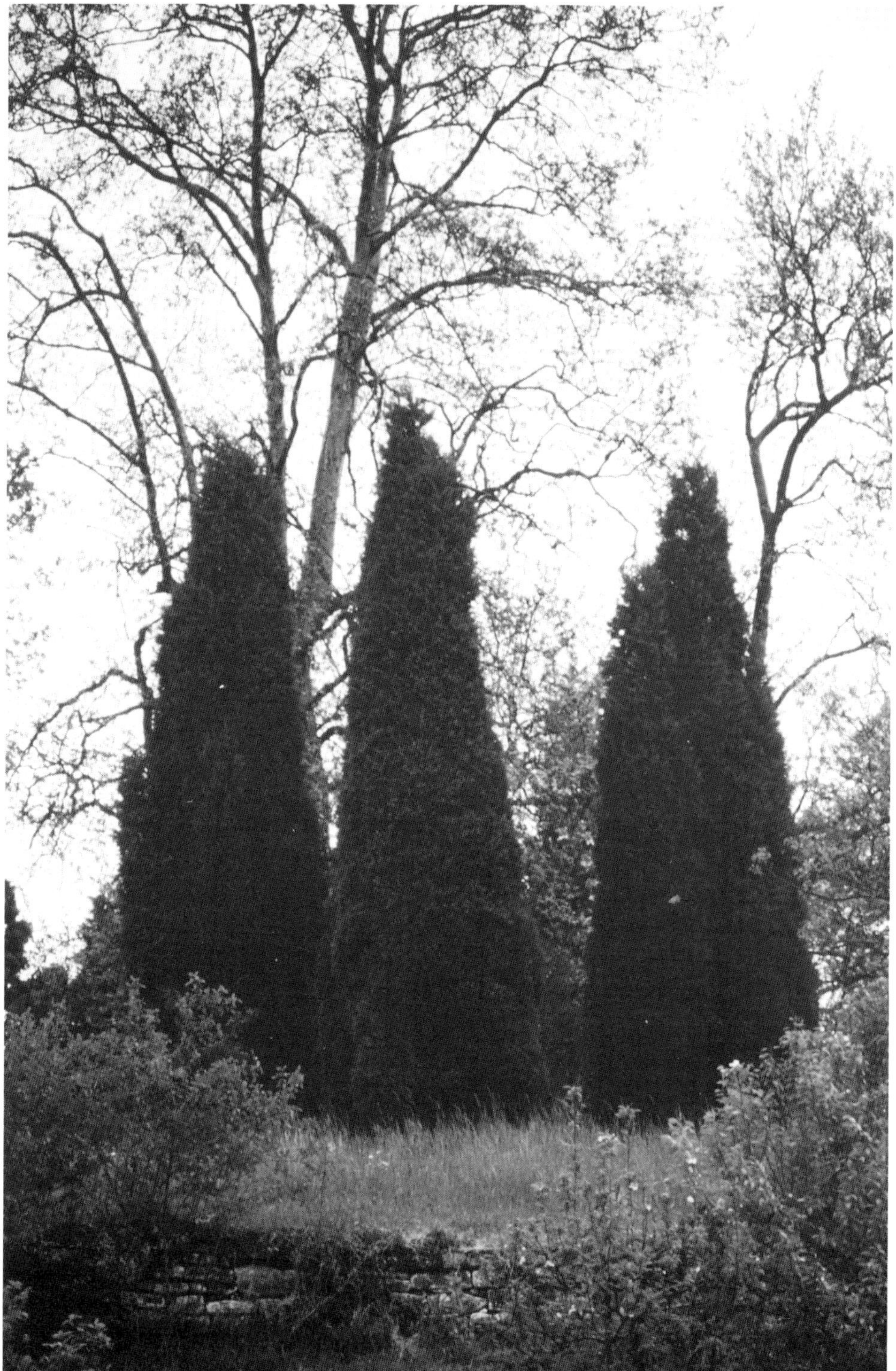

Umgang mit Verwilderung
— Pflege

Wer begriffen hat und
nicht handelt, hat nicht
begriffen.

Es mag eigentümlich erscheinen, wenn im Zusammenhang mit Verwilderung, also jenem Zustand, der sich dann einstellt, wenn pflegende Maßnahmen unterbleiben, von Pflege die Rede ist. Doch je nachdem, ob ein Areal bereits verwildert, oder erst künftig sich selbst überlassen bleiben soll — als Freifläche dem Spiel, der Erholung etc. gewidmet[1] — oder als vielfältiger Lebensraum eher dem Artenschutz dienen, oder — z.B. in Kern- und Randzonen gegliedert — beidem zugleich gerecht werden soll, folgt aus der getroffenen Entscheidung oft die Notwendigkeit pflegender Eingriffe.

Ohne Zutun des Menschen ändern sich Brachflächen permanent und entwickeln sich schließlich über viele Zwischenstufen zu Wald: eine Entwicklung, die nicht zu stören brauchte, würde sie für den Artenschutz nicht den Verlust wertvoller Habitate und die Einschränkung potentieller Nutzungsmöglichkeiten für menschliche Erholung bedeuten. So erfordern beide genannten Fälle gewisse Eingriffe, eine Art von Pflege, die hauptsächlich darin besteht, daß Entwicklungen von Zeit zu Zeit rückgängig gemacht werden.[2]

Pflegemaßnahmen lassen sich nicht einheitlich formulieren und sind von Fall zu Fall immer wieder neu zu erarbeiten. Alle Zielkonflikte, wie sie sich aus Mehrfachnutzungen ergeben — im städtischen Bereich sind sie die Regel und nicht die Ausnahme — müssen einbezogen werden und die Maßnahmen auf Arealgrößen und Nutzerdruck abgestimmt sein.

Nach herkömmlichen gärtnerischen Gesichtspunkten erstellte Vegetationsflächen sind häufig sehr kostenintensiv, stimmen sie doch oft nicht mit den standortsökologischen Bedingungen überein: sich nicht mit natürlichen, vorgegebenen Eigenschaften eines Standorts abfinden zu müssen, sondern diese völlig verändern zu können, ist schließlich der Stolz vieler Gärtner: „Im gärtnerischen Gestalten ist stets ein Abwehren und Kämpfen. Die Rohnatur müht sich, im Garten die Feinnatur zu verdrängen, die Natur von Gottes Gnaden ist der Natur von Menschen Gnaden aufsässig. Der Gartenbauer hilft der von ihm vergeistigten Natur in ihrem Existenzkampf — ist also Bildner und Kämpfer zugleich."[3]

Dieser Kampf des Gärtners aber schränkt das Aufkommen einer vielfältigen Spontanvegetation bewußt ein[4], denn schließlich haben von „außen" eingreifende Ordnungskräfte immer die Tendenz, den Anteil der Spielräume, den Grad der „Dysfunktionalität" — also das Offensein für verschiedene andere Möglichkeiten des Funktionierens — zu vermindern.⁵

Überwucherte Trockensteinmauer

Das Gegenteil, eine Extensivierung der Pflege (auch Unterlassen des Gifteinsatzes), also Verwilderung, schafft Refugien für die „Un-Krautflora". Und wenn sich erst einmal die gärtnerische Position, daß alles, was von selbst wächst, als Unkraut, Ungras, Unstrauch diffamiert wird, in Ansätzen geändert hat, können auch aus der Kenntnis der Pflanzengesellschaften und ihrer Ansprüche geeignete Pflegehinweise entwickelt werden.⁶

Pflegepläne

Oft wäre schon viel erreicht, wenn Gemeinden und Grundbesitzer längerfristig ungenutztes Bauerwartungsland oder auf Zuwachs gekaufte Industriegrundstücke nicht mit Unkrautvernichtungsmitteln behandelten. Für die Zeit fehlender Nutzung von botanisch und zoologisch versierten Fachleuten Pflegepläne erstellen zu lassen,⁷ wäre ein weiterer wichtiger Schritt; und zwar Pflegepläne, die den Ausgangszustand einer Fläche, die künftig sich selbst überlassen bleiben soll, ebenso beschreiben wie alle Schritte, die je nach der Betonung auf Artenschutz oder Erholungsnutzung zur Steuerung des Verwilderungsprozesses unternommen werden sollen. Auch die Ausarbeitung unterschiedlicher Pflegeintensitätsgrade verschiedener Teilbereiche eines Areals wäre Gegenstand eines solchen Plans: Kernzonen, die kaum eines Eingriffes bedürfen und randlich gelegene Teile, in die etwa zur besseren Nutzbarkeit stärker eingegriffen wird (z.B. Mähen der Wiesen). Keinesfalls sollten Pflegepläne als statisch und unveränderlich aufgefaßt werden, sie sind eher „dynamisch" als Empfehlungen mit zeitlich und örtlich variierenden, vor allem kostenextensiven Eingriffen in den Verwilderungsprozeß zu verstehen, denn Vegetationsentwicklung auf brachliegenden — und analog dazu auch auf verwildernden Flächen — läßt sich meist ohne großen Aufwand steuern.[8] Doch die Arbeit mit der Natur muß so ausgerichtet sein, daß sie deren Tendenzen entspricht und sie zu selbstgesteuerten Entfaltungsprozessen stimuliert wird.

Ein frühes Beispiel der Ansätze zu einem „Pflegeplan" verwildernder Gärten beschreibt Hans Luz in seinen „Stuttgarter Gärten": „Für den Architekten Binder bauten und pflanzten wir 1960 einen Garten, den man heute als 'Wildnisgarten' bezeichnen würde. Beschwerden der Nachbarn führten zu einem Briefwechsel mit dem Amt für öffentliche Ordnung, an dessen Ende sich der Bauherr bereit erklärt, den Disteln die Köpfe abzuschneiden, bevor sie Samen ansetzen. Diese einzige Pflegemaßnahme besorgte er gewissenhaft mit einer Nagelschere."[9]

Wird in erster Linie Artenschutz angestrebt, dann ist die Entwicklung lebensfähiger Populationen von großer Bedeutung. Dies ist in vielen Fällen nur dann gewährleistet, wenn ausgebrachte Arten bzw. die Pflanzengesellschaft, in der die Art wächst, regelmäßig gepflegt werden. Unter Pflege werden hier alle Einwirkungen verstanden, die ein optimales Gedeihen der Art ermöglichen. Sämtliche Arten, die in sogenannten Ersatzgesellschaften, das heißt menschlich bedingten Pflanzengesellschaften vorkommen, bedürfen zu ihrer Erhaltung bestimmter Wirtschaftsweisen, zumindest aber wiederholter (regelmäßiger) Eingriffe. Das gilt beispielsweise für Arten der Magerrasen, Ruderalfluren und Gebüsche. Trotzdem sollte die Pflege zugunsten einer bestimmten, ausgebrachten Art nicht zu Lasten anderer, ebenso erhaltenswerter Arten oder intakter Pflanzengesellschaften gehen.

Im einzelnen sind die Eignung eines Standortes und auch die Voraussetzungen für das Ausbringen bestimmter Arten zu prüfen, um den Pflegeaufwand auf längere Sicht möglichst gering zu halten. Immer aber läßt eine standortgerechte Ansaat, Pflanzung und Pflege eine kostenextensivere Erstellung und Pflege von Vegetationsflächen zu.

Pionierstandorte

Auf Pionierstandorten, die man als solche erhalten will, ist der Gehölzanflug regelmäßig zu beseitigen, sollte im Laufe der Jahre entstandener Humus gelegentlich weggeführt und hin und wieder die Bodenoberfläche offengehalten werden, um einjährigen und wenig beständigen Arten Entwicklungschancen zu bieten. Alles in allem also ein recht geringer Pflegeaufwand.

Mahd

Läßt man vorhandene Grasvegetation einfach weiterwachsen, bilden sich Altgrasschichten, wird der Boden von einer Humusauflage abgedeckt und das Artenspektrum verschiebt sich; die Nutzung solcher Areale durch Menschen muß sich anpassen und kann eingeschränkt sein. Soll das Areal aber für Erholungssuchende freigehalten werden, ist Mahd nötig, denn nur ständig betretene Flächen erhalten sich ohne Pflege von selbst (durch eine Verschiebung des Artenspektrums hin zu den Trittpflanzengesellschaften; im krassesten Fall entstehen allerdings Kahlstellen). Umsichtiges, hinsichtlich des Zeitpunktes und des Rhythmus an die jeweils spezifischen Anforderungen abgestimmtes Mähen ermöglicht es, krautige Pflanzen in größerem Umfang zum Blühen, Fruchten und zur Reservestoffbildung kommen zu lassen.[10]

Werden Altgrashorste und Bulten, wie sie sich in Bodenmulden finden, seltener gemäht, entsteht ein abwechslungsreiches Bodenrelief. Ganz allgemein empfiehlt es sich, abschnittsweise und im Turnus einiger Jahre rotierend zu mähen, denn so gewährt man Wildarten und nicht flüggen Küken bodenbrütender Vögel Verstecke. Wird das Mähgut abtransportiert, kommt dies einer Ausmagerung, einer allmählichen Entwicklung in Richtung Trockenwiese gleich.

Insgesamt bedeuten bereits geringe regressive Eingriffe — wie etwa eine einmal pro Jahr vorgenommene Mahd und ein Mulchen im Herbst — eine Lenkung der Sukzession in eine grünlandähnliche Richtung, im Gegensatz zu ungestörtem Brachland.[11] Die Mahd der Saumvegetation sollte möglichst selten (erst ab Anfang August — nur abschnittweise!) erfolgen. Staudenreiche Säume sollten ganz ausgenommen werden, da sie teilweise sehr empfindlich auf Schnitt reagieren.[12]

Unter Bäumen verwildernder *Obstgärten* ist abschnittweises Mähen günstig. Der dabei entstehende Grenzlinienanteil zwischen gemähtem und ungemähtem Gras ist für Würgerernährung von Vorteil, da diese Arten auf kurzem Gras besser jagen können.

TROCKENRASEN

Bei Teilen verwildernder Areale sollte vor allem aus der Sicht des Artenschutzes eine Entwicklung in Richtung *Trockenrasen* gefördert werden. Die *Steuerung* kann hierbei durch *Ausmagern*, nämlich zunächst zweimalige Mahd (Juni und August) und Abtransport des Mähgutes, erreicht werden. Durch einen Schnitt im frühen Mai können auch kleine Kräuter bei sehr dichter Grasnarbe gefördert werden. Zentraler ökologischer Faktor der Trockenrasen ist neben Wassermangel die Stickstoffarmut; zur Erhaltung solcher Trockenrasen sind Düngungen daher zu unterlassen.

Für einige Tierarten der Trocken- und Halbtrockenrasen sind möglichst geringe Deckungsgrade der Vegetation (deutlich unter 20 — maximal 50%) anzustreben.[13]

LIEGE- UND SPIELWIESEN

Der Erholung gewidmete Teilbereiche eines Verwilderungsareals, die als Liege- und Spielwiesen fungieren, können bei Bedarf, ähnlich herkömmlichen Pflegegewohnheiten, auch einige Male pro Jahr — allerdings abschnittsweise — gemäht werden.

Bodenverwundung

„Erscheinen einem mehr oder weniger vergraste, meist staudenreiche Verwilderungsflächen zu eintönig, kann eine gelegentliche Bodenverwundung (vor allem in geringer Distanz zu Samenbäumen) den Aufwuchs von Holzarten, eine 'beschleunigte Verbuschung' fördern."[14]

Verbuschung

Fortschreitende Verbuschung kann die Nutzbarkeit eines Geländes für den Menschen einschränken, was gestaltbildende Eingriffe erforderlich macht: „Um zu starke Verbuschung (in weiterer Konsequenz Verwaldung) zu verhindern, muß in den ersten Jahren der Aufwuchs von Gehölzen entfernt werden, wobei jedoch darauf zu achten ist, daß man nicht durch Freilegung des Bodens ein Keimbett für weitere Holzarten schafft. In einer geschlossenen Vegetationsdecke können Samen von Gehölzen kaum auskeimen."[15]

Umgang mit Sträuchern und Gehölzen

Ein gewisses Maß an Verbuschung ist in jedem Fall wünschenswert und wichtig. So bevorzugen Vögel vor allem die dichteren Stellen der Sträucher im unteren Bereich, auch in Verbindung mit dem noch dichteren Unterwuchs der Krautschicht, und nicht den lichteren hochgewachsenen Teil zur Nestanlage. Dies ist einer der Gründe, warum Gebüsche hin und wieder abschnittsweise „auf-Stock-zu-setzen" sind. Am besten ist es jedoch, wenn sich Sträucher aller Altersklassen, von unter sechs bis über zwanzig Jahren, auf einem verwildernden Areal befinden.[16]

Pflege von Obstbaumbeständen

Gärten mit alten, sich selbst überlassenen Obstbäumen können zu ökologischen Ausgleichsflächen werden, denn viele Wildtiere bewohnen mit Vorliebe giftfreie Obsthaine.

Daher sollten Gifteinsatz und auch Düngung unterbleiben. Eine nachhaltige Sicherung des Obstbaumbestandes aller Altersklassen ist von größter Wichtigkeit, wobei grundsätzlich auch ein Anteil an Altbäumen, an dickstämmigem, kränkelndem Holz und Totholz existieren sollte. Fehlende Verjüngung kommt langfristig der Totalbeseitigung gleich, denn Neupflanzungen und Nachpflanzungen können die Habitatfunktion alter Bäume erst nach vielen Jahren übernehmen.[17]

Abbruchkanten — Erdaufschlüsse

Im Umgang mit Abbruchkanten, Steilwänden und ähnlichem sollte durch geeignete Maßnahmen dafür gesorgt werden, daß teilweise die natürlichen Alterungsvorgänge (Flachwerden der Böschungen, pflanzliche Besiedlung) wieder rückgängig gemacht werden und ein weiteres Zuwachsen der Wände durch schattenwerfende Pflanzen verhindert wird.[18]

„Heroische Landschaft mit Ruinen", Nicolas Perelle

Ruinen

Ruinen sollte man weitgehend sich selbst überlassen und bei eventuellen Restaurierungs- und Säuberungsarbeiten darauf achten, daß Wuchsplätze der Ruderalflora hierbei nicht gänzlich zerstört werden.[19]

Alt- und Faulholz

Abgeschnittenes Alt- und Faulholz sollte nach Möglichkeit drei Jahre offen gelagert werden, um Insektenlarven das Abschließen ihrer Entwicklung zu ermöglichen.[20] Dies fördert ein natürliches Gleichgewicht von Insektenpopulation und kann obendrein der biologischen Schädlingsbekämpfung dienen. „Auch die gröbsten Teile des Humus, nämlich Holz in Form von Ästen, Zweigen und Stämmen, sollten nicht entfernt werden."[21]

Beschleunigung der Sukzession

Areale, die künftig sich selbst überlassen bleiben sollen, können in ihrer Sukzession gelenkt, beschleunigt und an erwartete Nutzungen angepaßt werden, wenn eine sukzessions- und standortgerechte Aussaat oder Pflanzung erfolgt, wobei für die Saat Arten herangezogen werden sollten, die die Entwicklung zu stabilen Dauergesellschaften in Abhängigkeit von der Nutzung ermöglichen: „Mit der Einsaat wird lediglich eine Richtung angegeben (z.B. Trittrasen), nicht aber die endgültige Form und Ausprägung der Gesellschaft."[22]

Dies erfordert im Handel erhältliches Saatgut von Wildkräutern, Gräsern, Ruderal-, Adventiv- und Segetalpflanzen, sowie Pioniergehölzen, die im herkömmlichen Sortiment des Fachhandels normalerweise nicht enthalten sind. Einige wenige Betriebe, die sich auf diese unkonventionelle Nachfrage eingestellt haben, produzieren derartiges Saatgut, können aber oft nur geringe Mengen liefern. So ist man teilweise darauf angewiesen, abzuwarten, was der Samenflug von benachbarten Flächen bringt. Dieses Vorgehen erfordert aber *Zeit* und vor allem ein *Umdenken*, sowohl bei den Nutzern, als auch bei den Gärtnern, da die Vegetation nicht mehr „schlüsselfertig" geliefert werden kann, sondern sich erst mit der Zeit im Verwilderungsprozeß und in Reaktion auf die Aneignung durch die Nutzer des Freiraums einstellt.

Pflanzenvermehrung durch Verwilderung

Die Beschaffung von Pflanzen zum Verwildern ist die billigste und rentabelste, daher zeitgemäßeste Investition, die man im Garten machen kann.
AMBROZY-MIGAZZI

Sind auch Gartenbau und Samenhandel mit ihrem Sortiment noch wenig auf eine Nachfrage nach Ruderal-, Segetal-, Adventiv- und anderen wüchsigen Wildpflanzen eingestellt, bleibt immerhin die Möglichkeit, sich am reichlichen „Samenangebot" wuchernder Pflanzen auf bereits verwilderten Arealen der näheren Umgebung zu bedienen und hier „garantiert klimagerechtes Saatgut" zu gewinnen. Ähnliches hat Ambrozy-Migazzi — allerdings schon in den zwanziger Jahren dieses Jahrhunderts — für Zwiebelpflanzen vorgeschlagen. Zur Erzielung großzügiger Masseneffekte läßt sich das hierzu erforderliche Pflanzenmaterial am günstigsten durch Verwilderung erlangen, wenn die Natur für uns arbeitet. Es handelt sich also vor allem darum, die für jede Art ökologisch günstigen Örtlichkeiten ausfindig zu machen, und das kann durch Probepflanzungen geschehen: „Hierzu genügen an je einer zu erprobenden Stelle je zehn zerstreut einzeln gesetzte Pflanzen. In den ersten drei Jahren gibt es immer Ausfälle, die je nach Qualität der Pflanzen, Art der Beschaffenheit, Zeit des Aussetzens und Witterung bei und nach der Pflanzung sehr verschieden sein können und nicht symptomatisch zu bewerten sind. Bemerkt man nun in der Folge Sämlinge, die oft plötzlich in Mengen erscheinen, dann hat der Platz seine Prüfung bestanden und ist nun würdig, das inzwischen herangezogene oder zu beschaffende Material in beliebiger Menge zu erhalten, wobei man dann auch zwei oder drei Zwiebeln in ein Pflanzenloch geben kann."[23]

Trotzdem erscheint eine vermehrte Produktion unterschiedlicher Wildkräuter, -gräser, Ruderal-, Segetal-, Adventivpflanzen, sowie von Pioniergehölzen seitens des Gartenbaus, und auch ein größeres Angebot im Samenhandel wünschenswert.

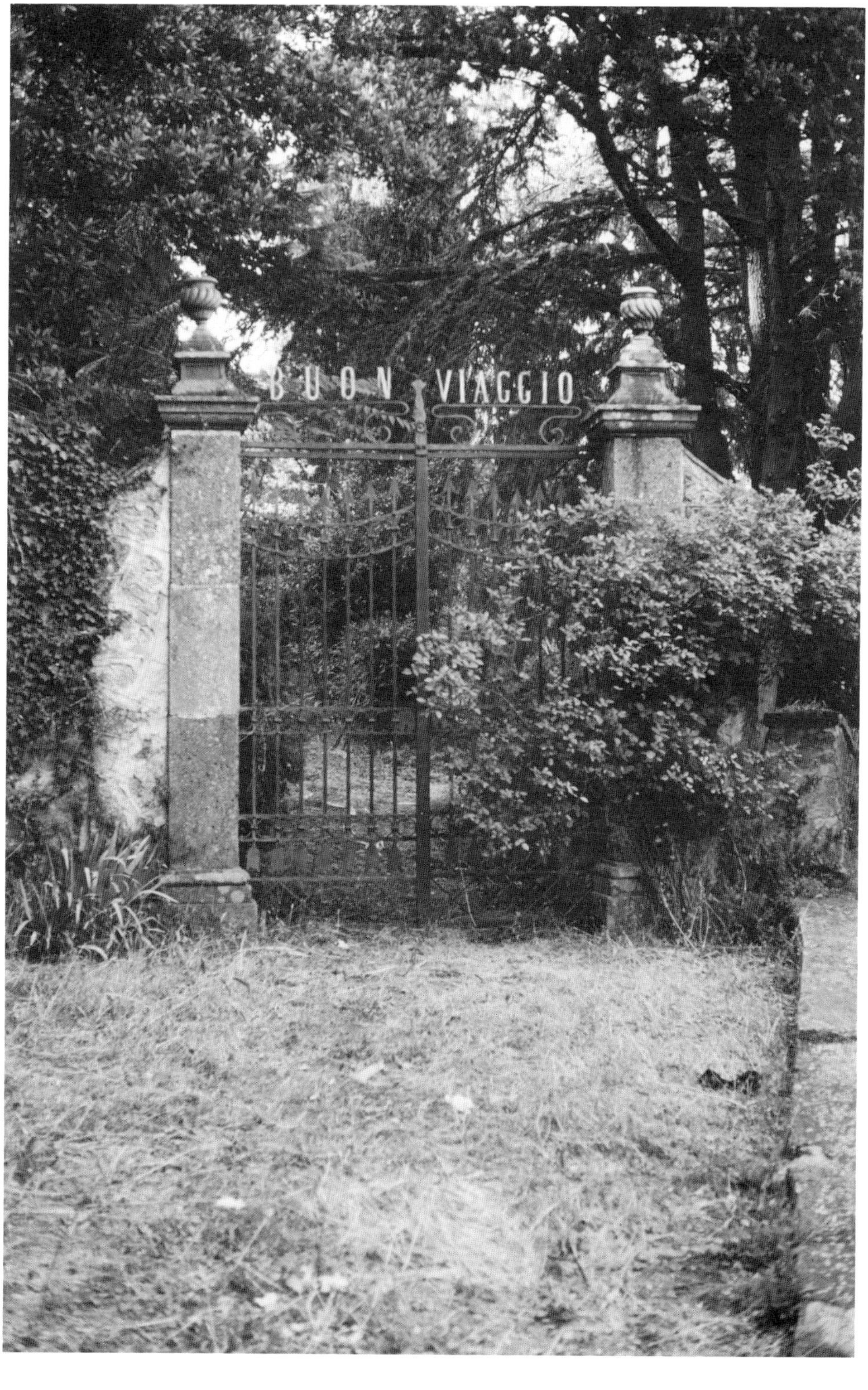
BUON VIAGGIO

WENN GÄRTEN VERWILDERN…

> Ein alter Garten ist immer beseelt. Der seelenloseste Garten braucht nur zu verwildern, um sich zu beseelen.
>
> HUGO VON HOFFMANNSTHAL

Geheimnisvoll und üppig beginnt die Wildnis am Gartentor. Verlockend, manchmal auch abweisend, wird jeder Schritt ins unbekannte Revier von einer Fülle von Überraschungen begleitet. Kaum jemals übersichtlich oder auf einen Blick zu erfassen, regen die Spuren vergangener Nutzung die Phantasie aufs äußerste an und fordern dazu auf, einen noch ahnungsweise erkennbaren Grundriß im Geiste zu ergänzen. Andeutungen ehemaliger Einbauten erwecken Neugier, unwillkürlich drängen sich Assoziationen auf und lassen immer neue Fragen stellen: Was mag es gewesen sein? Wohin mag die Treppe geführt haben? ...Die Vorstellungsbilder möglicher Schicksale, die an einen Garten geknüpft waren, mischen sich mit eigenen Träumen, Wünschen und Hoffnungen.

Entlassen aus den Zwängen festschreibender Nutzungsansprüche und Gestaltungsleitbilder, hat sich der verwildernde Garten sehr geändert, haben wohldurchdachte Einrichtungen längst ihre Funktion verloren, sind beabsichtigte Sichtschneisen gänzlich zugewachsen, ist von der großzügigen, repräsentativen Rasenfläche vielleicht nur noch eine intime „Waldlichtung" übriggeblieben. An die bunten Rabatten erinnern noch einige extravagante Blütenköpfe zwischen schlichten Kräutern und Gräsern, und ehemals eindeutige, geradlinige Trennungen etwa von Pflanz- und Wegeflächen sind — oft nur mehr erahnbar — mosaikartigen Verzahnungen gewichen. An Zufällen und Unwägbarkeiten reich, ergeben sich vielfältige Synthesen aus traditioneller Gestaltung und „wilder" Naturform.

Durch liebevolle Pflege und jahrzehnte- bis jahrhundertelange intensive Gartenkultur, durch tiefes Umgraben, starke organische Düngung, damit auch hohen Tierbesatz, meist auch regelmäßige, zusätzliche Bewässerung, entstanden tiefhumose lockere Böden, „Hortisole"[1], die sich untereinander in Tiefe und Intensität anthropogener Veränderungen stark unterscheiden. Verwildernd reichert sich nun — ohne jährliches Laubrechen — in der obersten Bodenschichte Humus an, eine günstige Ausgangsposition für üppiges Pflanzenwachstum. Geradezu verschwenderisch wuchernd ändert es bald künstliche Strukturen, stellt ursprüngliche Funktionen in Frage, kümmert sich nicht um Begrenzungen, und macht auch vor Mauern und Zäunen keinen Halt.

Die wüchsigsten pflanzlichen Bewohner eines Gartens

"pochen" nun auf ihr Eigenleben und setzen sich über manchen "brav" erdachten Bepflanzungsplan hinweg. Zartere, schattenempfindlichere Arten werden verdrängt und machen konkurrenzfähigeren Platz, Lianen erobern die Vertikale, indem sie hohe Einzelbäume oder Solitärstauden überwachsen. Elegante Rasenflächen wandeln sich zu naiven Wiesen, Hecken "treiben durch", die Möblierung eines Gartens (vom Sandkasten der Kinder, über Pergolen, Rankgerüste bis zur Gartenlaube...) verwittert zusehends, Blumenbeete, Strauchflächen, alles ändert sich im Verwilderungsprozeß.

Ein Rasenteppich verwildert zur lieblichen Wiese

Fällt der regelmäßige Eingriff des Mähens weg, können Gräser endlich wachsen, sich entwickeln, zur Blüte kommen und aussamen. Im Wiesenverband scheinen die Gräser lockerer vereint als in der Rasenfläche. Doch der Schein trügt: der Wurzelbereich bleibt trotzdem gewöhnlich so dicht geschlossen, daß junge Gehölze diesen kaum zu durchstoßen vermögen.

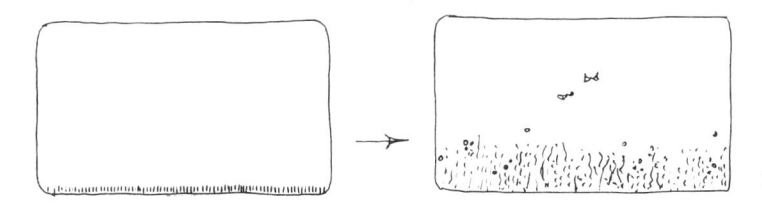

Rasen – Wiese

"Vom Winterschnee zu Boden gedrückt, verfilzen sich abgestorbene Grashalme zu einer lichtundurchlässigen Matte. Die Gräser selbst vermögen diesen Filz zu übersteigen, weil sie neue Adventivsprosse treiben. Viele der anwesenden Kräuter vermehren sich ebenfalls vegetativ und durchstoßen oder überlagern die Streudecke. Bäume und

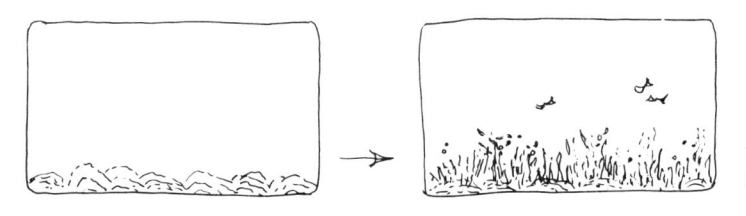

Winterzustand – darauffolgendes Frühjahr

Sträucher jedoch treffen auf dieses Hindernis in ihren empfindlichsten Entwicklungsphasen, während der Keimung und des langsamen Jugendwachstums."[2]

Diese Tendenz, Samen, Keimlinge und Jungpflanzen zu „verdämmen", also am Aufkommen zu hindern, haben verwildernde Rasen mit Grünbrachen (Brachen ehemals landwirtschaftlich genutzter Wiesen) gemeinsam. Aus dem Spektrum der Arten werden mit zunehmender Streuakkumulation und winterlicher Verfilzung der Gräser die Horst- und einstengeligen Schaftpflanzen zurückgedrängt und solche mit über- und vor allem unterirdischen Ausläufern gefördert. „Die jeweils höchstwüchsige Gras-, Seggen- oder Staudenart bildet auf Brachwiesen schließlich ein Stadium, das sich jahrzehntelang selbst zu erhalten vermag."[3]

Natürlich wirkt sich die Änderung der Oberflächenbeschaffenheit auf die Benützbarkeit aus. Oft erwecken hochgewachsene, zarte Gräser eine gewisse Scheu, die Wiese überhaupt zu betreten, ist sie doch empfindlicher auf Betritt, als ein kurzgeschnittener Rasen. Verfilzung und Streuakkumulation behindern den Schritt und erfordern mehr Aufmerksamkeit beim Gehen. Gleichzeitig bietet aber eine blühende Wiese größere Vielfalt und Spannung: farblich variierende

Altgrasinsel im Vorfrühling

Blüten und Duft locken Insekten an, die mit ihrem luftigen Dasein den Reiz der verwildernden Gräser- und Kräuterflur weiter erhöhen und überdies zur Samen- und Fruchtentwicklung beitragen.

Im Laufe der Jahre kommt es durch Vegetationsänderung zu einem gewissen Rückgang des Anteils der Gräser zugunsten der Stauden, was alle jene Tierarten fördert, die auf einen Strukturreichtum der Vegetation, auf ein hohes Angebot an Kräutern, Blüten, Samen und/oder abgestorbenen Teilen von grasigen und krautigen Pflanzen angewiesen sind. Blütenbesuchende Insektenarten wie z.B. Tagfalter, bienenartige Schwebefliegen und die von diesen Arten lebenden Räuber und Parasiten, ebenso kräuterfressende Insektenlarven finden nun zunehmend mehr Nahrung. Vielen Tierarten bieten sich günstige Siedlungsmöglichkeiten, da das bedrohliche Rasenmähen wegfällt und obendrein ausgeglichenere klimatische Verhältnisse herrschen.

Das spätsommerliche oder herbstliche Altgras und tote Stauden dienen der Überwinterung. In den Hohlräumen der vertrockneten Halme und Stengel warten zahlreiche Insekten das Frühjahr ab (z. B. Marienkäfer, viele Käferlarven und Spinnen). — Es ist eine stattliche Anzahl, insbesondere wirbelloser Tiere, die allein auf höher gelegene Pflanzenteile der Vegetation angewiesen sind, nach Heydemann und Müller-Karch gilt dies mindestens für 500—700 Grünlandtierarten.

Verschiedenen Vogelarten sind vertrocknete Blütenstände und das Samenangebot willkommene Herbst- und Winternahrung. „Wartenjäger" (wie etwa das Braunkehlchen und der Neuntöter) verwenden sperrige, hohe, vorjährige Kräuterstengel als Ansitz bei der Jagd. Spinnen nutzen höhere vertikale Strukturen zur Netzanlage.

Im dichten Altgras lassen sich Nestanlagen verstecken und die Jungen verschiedener Vögel, aber auch von Niederwild, aufziehen; bodenbrütende Hautflüglerarten (z.B. Hummeln) sind ebenso auf beruhigte Bereiche angewiesen.

Ehemalige Rasen bleiben „.... jahrzehntelang gehölzfrei, wenn nicht Sträucher oder Bäume mit Wurzelausläufern in ihrer Nähe stehen."[4] Dann drängen diese allmählich vom Rande her nach und engen die ehemals großzügige Rasenanlage ein: Nach einigen Jahren ungestörter Entwicklung ist ein früher eleganter Rasenteppich zur lieblichen, ringsumschlossenen „Waldlichtungswiese" geworden.

Blumenbeete wandeln sich...

...zeigen aber noch lange die Spuren ehemals liebevoll kultivierter Zierpflanzen. Manche, ans Klima gut angepaßte, standortgerechte Arten unter ihnen bringen genügend Vitalität auf, um sich durchzusetzen im sukzessionsbedingten Kampf um jeden Zentimeter Lebensraum, der bei gärtnerischer Pflege vom Menschen entschieden wird, im Verwilderungsprozeß aber den Pflanzen selbst überlassen bleibt. Nur die konkurrenzfähigsten Arten unter diesen, meist jene, die mit einem bereits gut entwickelten Wurzelsystem (Persistenz-Effekt) ausgestattet sind, können sich am Wuchsort behaupten und lokal sogar zu reizvollen Änderungen der heimischen Pflanzengesellschaft führen.

Sich selbst überlassen, werden Zierpflanzen allerdings im Gartenbeet sofort von vielen Unkräutern bedrängt, aber auch von aufkommenden Sträuchern und Bäumen. Nur einige dieser Unkräuter seien hier genannt: Ackerrittersporn (*Consolida regalis*), Ackersenf (*Sinapis arvensis*), Acker-Stiefmütterchen (*Viola arvensis*), Acker-Täschlkraut (*Thlapsi arvense*), Beifuß (*Artemisia vulgaris*), Brennesseln (*Urtica dioica*), Ehrenpreis-Arten (*Veronica-Arten*), Gänseblümchen (*Bellis perennis*), Gänsefuß (*Chenopodium-Arten*), Geißfuß (*Aegopodium podagraria*), Goldruten (*Solidago-Arten*), Hirtentäschl (*Capsella bursa-patoris*), Hundspetersilie (*Aethusa cynapium*), Klatschmohn (*Papaver rhoeas*), Kleinfrüchtiger Leindotter (*Camelina microcarpa*), Leimkraut (*Silene noctiflora*), Melden (*Atriplex-Arten*), Rispengräser (*Poa-Arten*), Sonnenblumen (*Helianthus-Arten*), Sophienkraut (*Descurainea sophia*), Stengelumfassende Taubnessel (*Lamium amplexicaule*), Vogelmiere (*Stellaria media*), Löwenzahn (*Taraxacum officinale*), Wegerich (*Plantago-Arten*), Ziest (*Stachys annua*) und viele andere mehr.

„Verunkrautet" gibt es im verwildernden Gartenbeet bald kein Stückchen offenen Bodens mehr, was einjährige Sommerblumen, die darauf angewiesen sind, um sich von Jahr zu Jahr darin auszusäen, in ihren Entwicklungsmöglichkeiten einschränkt. Trotzdem verwildern (im engeren botanischen Sinn) im Wiener Raum von diesen Sommerblumen z. B.: Büschelschön (*Phacelia tanacetifolia*), Flachs (*Linum usitatissimum*), Gartenastern (*Callistephus chinensis*), Gartenmelden (*Atriplex hortensis „Rubra"*), Goldlack (*Cheiranthus cheirii*), Jungfer im Grünen (*Nigella damascena*), Kapuzinerkresse (*Tropaeolum majus*), Malven (*Malva verticil-

lata), Mondviolen (*Lunaria annua*), Nachtkerzen (*Oenothera fallax*), Orientalischer Knöterich (*Polygonum orientale*), Petunien (*Petunia atkinsiana*), Ringelblumen (*Calendula officinalis*), Rispen-Fuchsschwanz (*Amaranthus paniculatus*), Schleifenblumen (*Iberis umbellata*), Schmuckkörbchen (*Cosmos bipinnatus*), Stockrosen (*Althea rosea*), Türkische Nelken (*Tagetes*) u.a. aber auch einjährige Gewürz- und Küchenkräuter wie etwa Dill (*Anethum graveolens*), Kerbel (*Anthriscus cerefolium*) u.a.

Frisch austreibende Brennesseln und Basilikum *(Ocimum basilicum Dark Opal)* — ein reizvoll-ästhetisches Spiel gegensätzlicher Blatttexturen im Gartenbestand.

Einige mehrjährige, besonders konkurrenzfähige, hochwüchsige Zierpflanzenarten haben es sogar geschafft, sich in recht kurzer Zeit (meist seit dem letzten Jahrhundert) zu verbreiten, heimische Arten zu verdrängen und eigene, teilweise von ihnen beherrschte Gesellschaften aufzubauen. So kennt die Pflanzensoziologie bereits Aster-, Springkraut-, Spitzblättriger Knöterich-, Topinambur-, Goldruten-, Rudbeckien- und Feinstrahlgesellschaften.[5]

Mehrjährig und oft mit einem gut entwickelten Wurzelsystem ausgestattet, verwildern im Wiener Raum vor allem: Astern (*Aster novae-angliae, A. novi-belgiae*), Hornkraut (*Cerastium tomentosum*), Kokardenblumen (*Gaillardia x grandiflora*), Glockenblumen (*Campanula media*), Goldruten

(*Solidago canadensis, S. gigantea*), Herkulesstauden (*Heracleum mantegazzianum*), Immergrün (*Vinca minor*), Phlox (*Phlox paniculata*), Rudbeckien (*Rudbeckia laciniata* und *R. hirta*), Sachalinknöterich (*Polygonum sachalinense*), Schwertlilien (*Iris germanica*), Sonnenblumen (*Helianthus rigidus* und *H. salicifolius*), Spitzblätteriger Knöterich (*Polygonum cuspidatum*), Staudenflieder (*Polygonum polystachium*), Taglilien (*Hemerocallis fulva*), Topinambur (*Helianthus tuberosus*), Löwenmäulchen (*Anthirrinum majus*), auch Gewürz- und Küchenkräuter wie Liebstöckl (*Levisticum officinale*), Petersilie (*Petroselinum hortense*) u.a.

Die gerade Linie ist gottlos.

FRIEDENSREICH HUNDERTWASSER

Ganz allgemein einen Hang zum Verwildern haben Gräser wie: Fiederzwenke (*Brachypodium pinnatum*), Kissenbambus (*Sasa pumila*), Mähnengerste (*Hordeum jubatum*), Riesenstrandhafer (*Elymus giganteus*), Silberfahnengras (*Miscanthus sacchariflorus „Robustus"*) und Zwergbambus (*Sasa pygmea*). Schließlich präsentiert sich mosaikartig verzahnt die bizarre Extravaganz ungewöhnlicher Nachbarn — bescheidene Unkräuter neben hochgezüchteten Prachtstauden.

Verwildernde Herkulesstauden (*Heracleum mantegazzianum*) etwa, ändern das Erscheinungsbild eines Areals und dominieren durch ihre übermannshohe Gestalt auch hochwüchsige Staudenfluren. Abgesehen von dieser raumgliedernden Wirkung sind sie auch für die Tierwelt wichtig, bieten sie doch mit bestäubungsökologisch einfach gebauten Umbelliferenblüten den Nektar frei auf dem Diskus dar, sodaß er auch der großen Zahl von Insekten mit kurzem Rüssel oder unspezialisierten Mundwerkzeugen leicht zugänglich ist.[6]

Herkulesstauden

Von vielen als ungeliebtes „Unkraut", von Le Roy jedoch als „Regulator des Nitratstoffwechsels im Boden" bezeichnet, ist die Brennessel (*Urtica dioica*) für die Raupen einiger Schmetterlingsarten in diesem Stadium die einzige Nahrungsquelle. Ohne Brennessel gäbe es kein Tagpfauenauge, keinen Kleinen Fuchs, keinen Admiral. Für die Nachtigall sind Brennesselgestrüppe obendrein beliebte Nistplätze.

Bei der Wahl geeigneter Wuchsorte nehmen weder „Unkräuter" noch verwildernde Zierpflanzen Rücksicht auf häufig sorgsam ausgeführte Einfassungen von Sommerblumen- und Staudenrabatten. Ja, deren Existenz geradezu ignorierend, „überspielen" sie Beetkanten, „lösen" Ränder auf, brechen strenge Linienführungen und machen dadurch ein auf Exaktheit konzipiertes Erscheinungsbild zunichte. Die ehemals trennende Funktion von Einfassungen geht zugunsten eines einheitlicheren, naturnah gestimmten Eindrucks verloren.

Die manchmal an Kitsch grenzende Farbigkeit bunter Rabatten, die Burckhardt zur bissigen Bemerkung: „Blumenbeete — eine Erfindung, welche die Gartenkunst in die Nähe des Konditorhandwerks bringt."[7] hingerissen hat, wird durch das schlichte Grün aufkommender Wildpflanzen gemildert. Manchmal ändert sich auch der Habitus der Hochzüchtungen und verwildernd nähern sie sich dem zarten Aussehen früher wildwachsender Generationen.

Eine oft bewußt gewählte artifizielle „Stufung" von Beetpflanzungen, mit höheren Stauden im Hintergrund der Rabatte, und niedrigen ganz vorne, weicht im Verwilderungsprozeß der „natürlichen" Höhengliederung der wilden Stauden- und Gräserflur.

Weiterhin ungestört und ohne Pflege, beherrschen dann schon nach wenigen Jahren einzelne, besonders konkurrenzfähige Arten, wie z.B. Goldruten — unschlagbar durch ihr kräftiges Wurzelsystem — das Beet. (In dieser Sukzessionsphase lassen sich ehemalige Blumenbeete im Gegensatz zu früheren Rasenflächen durch ihren geringeren Gräseranteil und durch verwildernde Zierpflanzen identifizieren.) „Ein Bild herden- und fleckenweiser Ausbreitung einzelner Arten stellt sich ein, das, zu Beginn der Verwilderung geprägt, sich oft ins dritte oder vierte Jahrzehnt erhält."[8]

Schließlich aber werden die schönblühenden Stauden- und Gräserfluren von allmählich höherwerdenden Sträuchern und Bäumen (die meist aus der ersten Welle der „Beetverunkrautung" stammen) überschattet und langsam verdrängt. Aus ehemaligen Sommerblumen- und Staudenrabatten entwickeln sich „Waldlichtungs-Gebüsche", die wiederum zu Waldgesellschaften (den Endstadien der Verwilderung) überleiten.

Langsame Verbuschung

Anfangs noch kaum bemerkt, wandeln aufkommende Gehölze oft in recht kurzen Zeiträumen und besonders nachhaltig ehemalige Blumenbeete in strauch- und baumbestandene Partien eines verwildernden Gartens um, während sich Rasen und die ihnen folgenden Wiesen durch die verdämmte Wirkung der Graswurzeln länger gegen Verbuschung zur Wehr setzen können. Denn freilich keimen in offenen Böden von erst kurze Zeit verwildernden Rabatten nicht nur einjährige und ausdauernde Stauden, auch die anfliegenden, herabfallenden, von Tieren verschleppten Gehölzsamen entwickeln sich gut im Hortisol. Ihre Keimlinge und Jungpflanzen, sowie die Ausläufer benachbarter Gehölze (Poly-Kormon-Ausbreitung) verursachen die Verbuschung. Abhängig von den jeweiligen Standorteigenschaften kommen besonders häufig Auen-Brombeere (*Rubus caesius*), Berg-Ahorn (*Acer pseudoplatanus*), Berg-Ulme (*Ulmus glabra*), Birke (*Betula* pendula), Bocksdorn (*Lycium halimifolium*), Efeu (*Hedera helix*), Eibe (*Taxus baccata*), Esche (*Fraxinus excelsior*), Feld-Ahorn (*Acer campestre*), Feld-Ulme (*Ulmus caprinifolia*), Flieder (*Syringa vulgaris*), Garten-Apfel (*Malus domestica*), Hartriegel (*Cornus sanguinea*), Hundsrose (*Rosa canina*), Liguster (*Ligustrum vulgare*), Kirsche (*Prunus avium*), Pfaffenkäppchen (*Euonymus europaeus*), Purpurweide (*Salix purpurea*), Sal-Weide (*Salix caprea*), Schwarze Johannisbeere (*Ribes nigrum*), Schwarzer Hollunder (*Sambucus nigra*), Schwarzpappel (*Populus nigra*), Silberpappel (*Populus alba*), Silber-Weide (*Salix alba*), Spitz-Ahorn (*Acer platanoides*), Stachelbeere (*Ribes uva-crispa*), Waldrebe (*Clematis vitalba*), Weißdorn (*Crataegus monogyna*) und andere auf.

Nicht ganz so häufig finden sich auch folgende einheimische Gehölze auf verwildernden Sommerblumen- und Staudenrabatten: Hainbuche *(Carpinus betulus)*, Haselnuß *(Corylus avellana)*, Heckenkirsche *(Lonicera xylosteum)*, Himbeere *(Rubus idaeus)*, Kreuzdorn *(Rhamnus cathartica)*, Mehlbeere *(Sorbus aria)*, Sauerdorn *(Berberis vulgaris)*, Steinweichsel *(Prunus mahaleb)*, Stieleiche *(Quercus ro-

Lichtes Gestrüpp und waldartige Laubholzpartien nehmen zu

bur), Traubenkirsche *(Prunus padus)*, Vogelbeere *(Sorbus aucuparia)*, Wolliger Schneeball *(Viburnum lantana)*, Zitterpappel *(Populus tremula)* und andere.

Diese Zunahme an „... lichten Gestrüppen oder waldartigen Laubholzpartien mit lockerem Unterwuchs bedeutet für die allermeisten Frühjahrsblüher eine neue Heimat. Ohne Laubrechen wird nun ja nicht mehr die Bildung jener Bodenschichte verhindert, die zur Vermehrung der meisten frühjahrsblühenden Schattenpflanzen das natürliche Substrat bildet."[9]

Hier können sich Zwiebelgewächse ausbreiten, keimen und, unbelastet von Konkurrenz und Schatten, im Frühling die jungen Pflanzen heranwachsen. Im Wiener Raum beispielsweise: Blaustern *(Scilla bifolia)*, Bärlauch *(Allium ursinum)*, Dichternarzissen *(Narcissus poeticus)*, Gartentulpen *(Tulipa gesnerana)*, Goldstern *(Gagea lutea)*, Herbstzeitlosen *(Colchicum autumnale)*, Milchstern *(Ornithogalum gussonei)*, Maiglöckchen *(Convallaria majalis)*, Schneeglöckchen *(Galanthus nivalis)*, Traubenhyazinthe *(Muscari racemosum)*, Winterling *(Eranthis hyemalis)* und andere.[10]

Strenge Schnitthecken verwildern

Vor allem in „geometrisierenden" Gärten oder Parks zählen streng geschnittene Hecken zu den wichtigsten gestalterischen Elementen, übernehmen sie doch die Aufgabe, mit ihrem durch den Schnitt streng konturierten, mauerartigen Aufbau architektonische Raumwirkung zu erzielen.

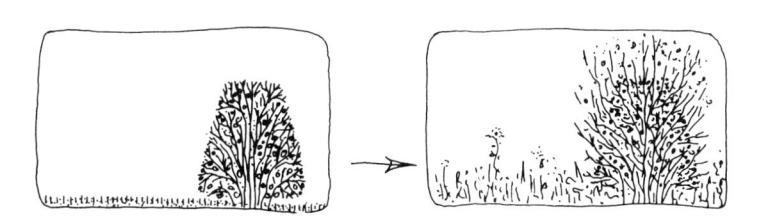

Einmal jährlich zumindest brauchen Hecken die sachkundige Hand des Gärtners, der ihren formvollendeten Schnitt erneuert. Verwildernd, sich selbst überlassen, weicht ihre auf exakte Raumwirkung berechnete Gestalt mehr und mehr vom imaginären Ideal ab und nähert sich der „genetisch programmierten" Form. Strenge Konturen lösen sich auf, geradlinige Umrisse werden zusehends bewegter.

Nicht Verwitterung und Verfall — wie bei „toten" Mauern — tragen den Prozeß dieser Gestalttransformation verwildernder „grüner" Mauern, sondern die arteigene Wuchskraft wandelt — unbeschnitten — das Erscheinungsbild.

So wächst die verwildernde Schnitthecke allmählich über ihre platzsparende, „künstliche" Bescheidenheit hinaus und nimmt mehr Raum in Anspruch. Im Laufe der Zeit — die Dauer variiert mit der Gehölzart — gewinnt die ehemalige Formhecke naturnähere Züge und übernimmt auch deutlicher Funktionen „wilder" Gebüsche. Sie dient dann durch ihre Blüten- und Fruchtbildung als Nahrungsbiotop, aber auch als Habitat mancher Tiere.

Einzelbäume und Baumgruppen

Als Schwerpunkte eines Gartenteils waren Einzelbäume oder Baumgruppen ausgewählt und bestimmt, das Erscheinungsbild in charakteristischer Weise zu dominieren. Verwildernd ändern sie es erheblich, indem sie zum Aufkommen von Gehölzen beitragen, dort, wo Wurzelkonkurrenz und Ausdünnung des Rasens durch Schattenwurf mit stärkster Samenanlieferung zusammentreffen. Ehemals alleinstehend, versammeln nun diese Bäume eine zahlreiche „Kinderschar" in ihrer Stammnähe. „Samenbäume auf verwildernden Arealen bedeuten intensiveren Nachwuchs der jeweiligen Holzart in deren unmittelbarer Umgebung, solange der Boden noch offen ist. Später und in weiterer Entfernung von ihnen ist dies aber immer weniger der Fall."[11]

Alte, mulmreiche Stämme solcher Einzelbäume können wertvolle Lebensräume für eine Gruppe recht spezialisierter Tierarten darstellen. Die Larven mancher Insekten sind auf Holz angewiesen; später brauchen sie dann eine doldenblütlerreiche Umgebung, da diese mit ihren einfach gebauten Blüten ideale Nahrung bieten.

Selbst Baumruinen gelten als wichtige Bruthabitate zahlreicher, gefährdeter Insektenarten. Alle Zerfallsstadien, angefangen vom kränkelnden Holz über Totholz bis zum Mulm sind bedeutungsvoll, da verschiedene Insektengruppen nur in frühen, andere nur in fortgeschrittenen Zerfallsphasen siedeln können, einander also im Sinne einer Insektensukzession ablösen.

Schwarzspechte, als Großhöhlenbrüter, siedeln nur in Bäumen, die noch in 8–15 m Höhe Stammquerschnitte von 40 cm aufweisen. Solche Dimensionen erreichen entsprechende Bäume aber erst im Alter von etwa 120 bis 130 Jahren.

Werden kränkelnde Bäume umgeschnitten, so gefährdet man damit aufs Stammholz spezialisierte Tierarten, die liegendes Holz oder Stümpfe nicht besiedeln. Auch Ausschneiden, Ausschaben und Sterilisieren morscher Teile von alten Stämmen, sei es aus rechtlichen oder ästhetischen Gründen, ist für die Stammendofauna ungünstig, ist diese doch auf alle Zerfallstadien von Holz angewiesen.

Werden Obstgärten sich selbst überlassen, so können sie ein wenig die flächenmäßig großen Verluste an Streuobstwiesen (durch Rodung und Umwandlung in Intensivobstanlagen) wettmachen. Mit ihrem meist grasigen Unterwuchs übernehmen sie durch ihren strukturellen Aufbau die Habitatsfunktionen lichter Feldgehölze und Einzelbäume; hier finden Greife eine Ansitzwarte, andere eine Singwarte, ebenso läßt sich Deckung vor Feinden und vor der Witterung suchen und in der kalten Jahreszeit ein Überwinterungsplätzchen finden.

Durch ihren Individuenreichtum haben diese Ökosysteme generell eine große Bedeutung für den Naturhaushalt. Im einzelnen können so hochgradig gefährdete Vogelarten wie Schwarzstirn- oder Rotkopfwürger als Charakterarten der Streuobstwiesen gelten; und gefährdete wie Raubwürger, Wiedehopf, Neuntöter, Wendehals, Steinkauz, Turteltaube, Grün- und Grauspecht haben hier einen Siedlungsschwerpunkt. Käfer und Falter haben in verwildernden Obstgärten ihre besten Bestände. Unter den Säugetieren sind vor allem Baumhöhlen bewohnende Arten zu nennen: Abendsegler, Bechstein- und Fransenfledermaus, Garten- und Siebenschläfer.

Als Nahrungshabitat im Winter dienen solche Areale auch durchziehenden, wandernden Tieren (etwa bestimmten Vögeln) vom Herbst bis zum Frühjahr.[12]

Standortgerecht gepflanzte, auch schattenertragende Strauch- und Baumgruppen eines Gartens verändern sich im Verwilderungsprozeß relativ am wenigsten. Allerdings mag hie und da ein hoher Baum oder auch ein Strauch von schlingenden Pflanzen (wie Waldreben oder Wildem Wein) erobert werden.

Vom Rande her dringen
allmählich Gehölze vor

    Ausschlagfähige und wuchskräftige Gehölze drängen langsam in ehemalige Rasenflächen vor (Poly-Kormon-Ausbreitung) und samen sich im umliegenden offenen Boden aus, tragen also zur Erweiterung der baum- und strauchbedeckten Fläche bei.

Exoten

In Gärten gepflanzte, nicht einheimische und mehr oder weniger „exotische" Gehölze passen gelegentlich so gut in den jeweiligen Klimaraum, daß es ihnen gelingt, sich auch ohne Zutun des Menschen in ihrer Umgebung zu vermehren. Dies gilt im Wiener Raum beispielsweise für aus Asien stammende Gehölze: Blasen-Esche *(Koelreuteria paniculata),* Eiblättrige Rainweide *(Ligustrum ovalifolium),* Garten-Birne

Robinienzweige am
Gartenzaun

(Pyrus communis), Götterbaum *(Ailanthus altissima)*, Kirschpflaume *(Prunus cerasifera)*, Marille (Aprikose; *Prunus armeniaca)*, Mauerkatze *(Parthenocissus tricuspidata)*, Morgenländischer Lebensbaum *(Thuja orientalis)*, Paulownie *(Paulownia tomentosa)*, Pfirsich *(Prunus persica)*, Schmetterlingsstrauch *(Buddleia davidii)*, Weißer Maulbeerbaum *(Morus alba)* u.a.; submediterrane Gehölze: Blasenstrauch

155

(Colutea arborescens), Flieder *(Syringa vulgaris)*, Goldregen *(Laburnum anagyroides)*, Kultur-Wein *(Vitis vinifera)*, Walnußbaum *(Juglans regia)* u.a., und schließlich die Roßkastanie *(Aesculus hippocastanum)*, die vom Balkan stammt.

Hinter Gittern sähe sie mancher vielleicht lieber, die Robinie *(Robinia pseudoacacia,* im Wienerischen oft „Falscher Akazienbaum" genannt). Sie hat sich auch in unseren Breiten vital vermehrt, ist bereits oft bestandbildend und gilt bei manchen wegen ihrer „ungebührlichen Verdrängungsleistung" sogar als Unkraut.

Aus Nord-Amerika stammend, teilt die „exotische" Robinie diese Heimat mit anderen Ziergehölzen, die ebenfalls gerne verwildern: Essigbaum *(Rhus typhina)*, Eschenahorn *(Acer negundo)*, Mahonie *(Mahonia aquifolium)*, Schneebeere *(Symphoricarpus rivularis)*, Wilder Wein *(Partenocissus quinquefolia)*, Zürgelbaum *(Celtis occidentalis)* u.a.

Verwildernd tragen all diese Gehölze — generativ oder vegetativ — zur Verschiebung des natürlichen Artenspektrums ihres Wuchsortes bei, und wenn etwa Essigbäume, dank ihrer frühen Blattverfärbung im Herbst mit ihrem leuchtenden Rot einen intensiven Farbkontrast zur noch unverfärbten Umgebung darstellen, so zeigt dies, welcher ästhetische Genuß mit solchen Verschiebungen im Artengefüge verbunden sein kann. Gleichzeitig läßt sich vermuten, daß hier noch ein weites Feld „zufälliger" Reize unentdeckt ruht.

Malerische Schönheit erwächst aus dem Verlust der Funktionsfähigkeit

„Wilde Blumentreppe" würde Altmeister Karl Foerster diesen Anblick wohl nennen. Seit langem hat niemand mehr seinen Fuß auf diese Treppe gesetzt — so haben sich Pflanzen großzügig auf ihr niedergelassen. Hell und verspielt fangen Blätter und Blüten des Hornkrauts *(Cerastium tomentosum)* das Sonnenlicht ein und bauschen sich leuchtend auf dunklen Stufen des von Gertrude Jekyll gestalteten Hestercombe Garden.

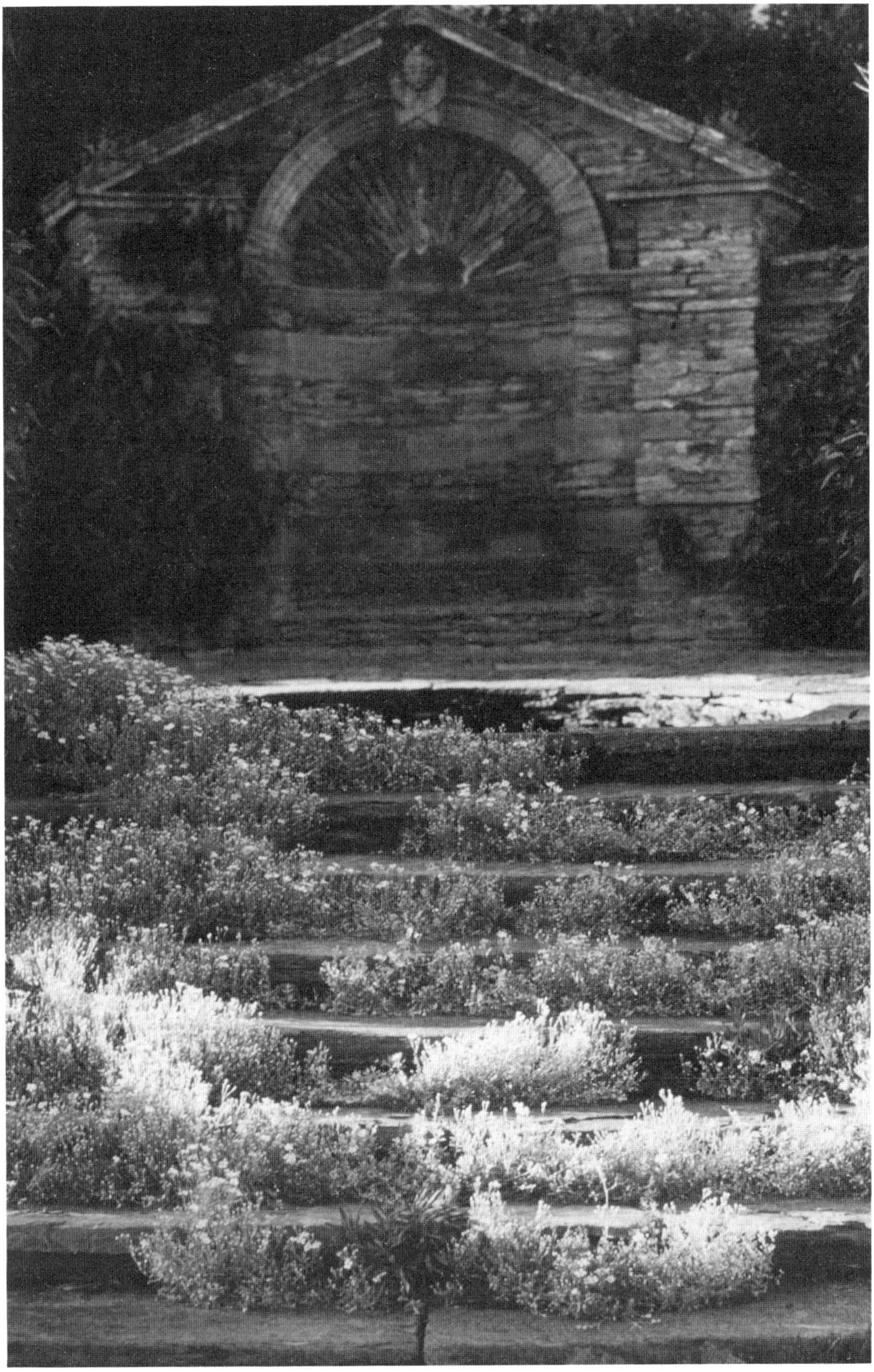

Eine Treppenanlage auf dem Berliner Olympiagelände aus dem Jahre 1936 — wie sie sich heute präsentiert.

Fehlen die Nutzer, dann führt der verringerte oder gänzlich wegfallende Betritt zur Zunahme pflanzlicher Strukturen. Ehemals auf zahlreiche und intensive Benützung konzipierte Einrichtungen — wie etwa die hier gezeigte, großdimensionierte Treppenanlage — werden überwachsen, ihre ursprüngliche Wegebreite reduziert sich auf den tatsächlichen Bedarf, die Stufenauftritte machen Stauden, Gräsern und Gehölzen Platz.

In Fugen von Terrassen- und Wegebelägen herrscht gegenüber exponierten Pflaster- und Plattenoberseiten Windschatten. In diesem „Lee" senken sich „düngende" äolische Sedimente (Feinerde, Staub, Ruß u.a.) ab. Tieferliegend, vor dem verletzenden menschlichen Fuß geschützt, siedeln sich Pflanzen an und füllen den zugrundeliegenden „Raster" aus.

Die Dauer und Intensität des Verwilderungsprozesses hängt vom Mikroklima, den Licht- und Schattenverhältnissen, dem Betritt durch Menschen und nicht zuletzt von der Fugenzahl und Fugenbreite pro Fläche ab. Wurde der jeweilige Belag von vornherein im Sandbett verlegt, so verkürzt sich die Besiedlungszeit.

„Das Ende der Reise..."

...nennt der Maler Eduard Angeli den Anblick der zusammenbrechenden Holzkonstruktion und fängt damit einen besonders reizvollen, bewegten Augenblick im Verfallsprozeß ein.

Aus Holz gebaute Rankgerüste, Pergolen, Salettln (Gartenhäuschen), Zäune, Möblierung, Sandkästen etc. ändern, unter dem Einfluß der Witterung und ohne Pflege sich selbst überlassen, in typischer Weise die Gestalt. Im Freien alterndes Holz quillt — klimaabhängig — durch Feuchtigkeitseinfluß auf, fault, gibt der Schwerkraft nach und vermodert schließlich. Spezialisierte Organismen besiedeln das Holz, ernähren sich davon und zerlegen es in immer kleinere Bestandteile. Auf Holzresten kann sich dann eine typische Schlagflora (z. B. mit *Epilobium angustifolium* — dem Weidenröschen) entwickeln.[13] Dicke, alte Zaunpfähle können Lebensstätten etwa von Käfern werden, die dann ihr Nahrungsbiotop in angrenzenden Gebüschen finden.[14]

„Das Ende der Reise", Eduard Angeli

Die ehemalige Funktion ist zwar noch erkennbar, als Eingang läßt sich das Tor aber kaum mehr benützen, es sei denn, Lust an gewaltsamer Eroberung erwacht angesichts solcher verwildernd wiedergewonnener „Unberührtheit". Bleibt's beim Gedankenspiel oder lenkt Unbedenklichkeit den Schritt durchs brechende Gestrüpp? Lockt die Illusion des üppigen, zauberhaften, aber gefräßigen Dschungels, oder stößt sie ab? Wirkt ein verwilderndes Areal unbetretbar? Entrückt?

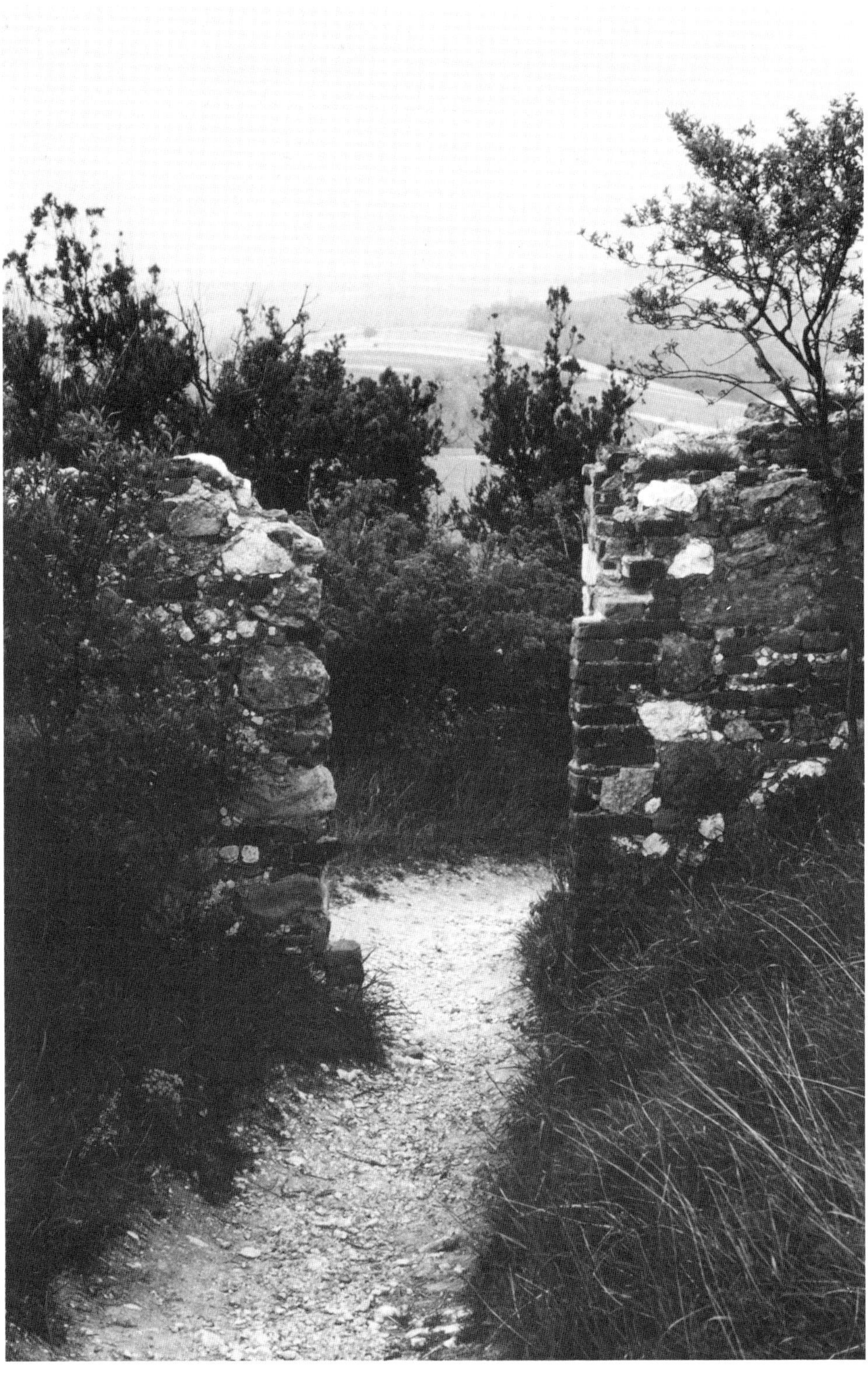

VERWILDERUNG ALS TRÄGER ILLUSIONISTISCHER FREIRAUMINSZENIERUNGEN

> Nur durch das Morgentor des Schönen drangst du in der Erkenntnis Land.
>
> FRIEDRICH SCHILLER

Der Illusionismus der Bildenden Kunst strebt einen möglichst hohen Grad an Realitätsnähe und Glaubhaftigkeit an, und setzt dafür entsprechend imaginative Darstellungsmittel ein. Hierin gerät er leicht in die Nähe des Prinzips der Wirklichkeitsnachahmung.

Verwilderung als Gestaltungsmittel der Freiraumplanung, mit deren Hilfe „ursprüngliche Wildnis" für den Betrachter evozierbar wird, ahmt die angestrebte „Wirklichkeit" nicht nach, sondern initiiert Prozesse, die als Abläufe der Natur eben „natürliche Wirklichkeit" hervorbringen. Die Künstlichkeit besteht in einer artifiziellen, oft denaturierten Ausgangsbasis. Erst spät entwickelt sich die „Wildnis" hoher Ursprünglichkeit, doch auf dem Wege dahin lassen sich ungemein reizvolle Zwischenstadien, Synthesen künstlicher und natürlicher Elemente, erleben. „Illusionen", die mit den Ei-

Verwilderung bedeutet ja nicht von vornherein Nutzungseinschränkung, aber in jedem Fall Anpassung an tatsächlich bestehende Nutzungen.

genschaften „natürlich — wild — ursprünglich — schon-immer-so-gewesen — patiniert — echt — ..." beschrieben werden können.

Fast bühnenbildartig beziehen Verwilderungsareale — inmitten der von mannigfachen Ordnungsprinzipien überdeterminierten Städte — wilde Natur ins Umwelterlebnis des Städters ein, erscheinen sie als etwas stets Lebendiges, Bewegtes und Stimmungsvolles. Im wechselnden Licht entwickeln sich Freiraum-Szenen, deren inneres Formprinzip, die Stimmung, als eigen-tümliche Lebensäußerung zur tragenden Grundqualität wird und neue Gemütslagen entdecken hilft.

Das stetig vordringende Wachstum der Pflanzen erübrigt es, einen Zustand der Verwilderung statisch zu betrachten; immer wieder bringt die Natur wesenseigene Transformationen hervor, die entsprechend der Entwicklungsdynamik mehr oder weniger starken Bestandeswandel bedeuten. Verfallende Relikte und Ruinen werden dabei zu Erinnerungen an ein anthropogenes Interregnum und bleiben spürbare Zeugen der historischen Dimension eines Ortes.

Der Gestalter steht vor der Aufgabe, aus allen ökologischen, nutzungsorientierten und historischen Vorgaben die Essenz gestalterischer Möglichkeiten zu „destillieren", wünschenswerte szenische Qualitäten zu visualisieren und geeignete Durchführungsstrategien zu deren Erreichung zu ersinnen. Als Stimulator seiner natürlichen und sozialen Umwelt zu selbstgesteuerten Entfaltungsprozessen bieten sich die Einwirkung auf den Ausgangszustand eines Areals vor der Verwilderung oder eine Lenkung während des Prozesses selbst an.

Ansätze zu einem illusionistischen Wegenetz

„*Weg* ist kein beliebiger zeitweiliger Aufenthalt, sondern bezeichnet eine — und vielleicht sogar die entscheidende — Grundsituation des Menschen in seiner Welt und wird damit zu einem der großen *Ursymbole* des menschlichen Lebens."[1]

Verwildernde Areale sind — jedenfalls in Siedlungsnähe — zumeist schon von einem Netz kleiner Spontanpfade durchzogen, die als Basis eines Erschließungskonzepts die-

> Wer im Gehen den Fuß verrenkt, hat die Landschaft nicht richtig verstanden. Kurze oder lange Schritte macht man je nach der Beschaffenheit des Bodens und in lebendiger Einheit mit diesem.
>
> OTTO FRIEDRICH BOLLNOW

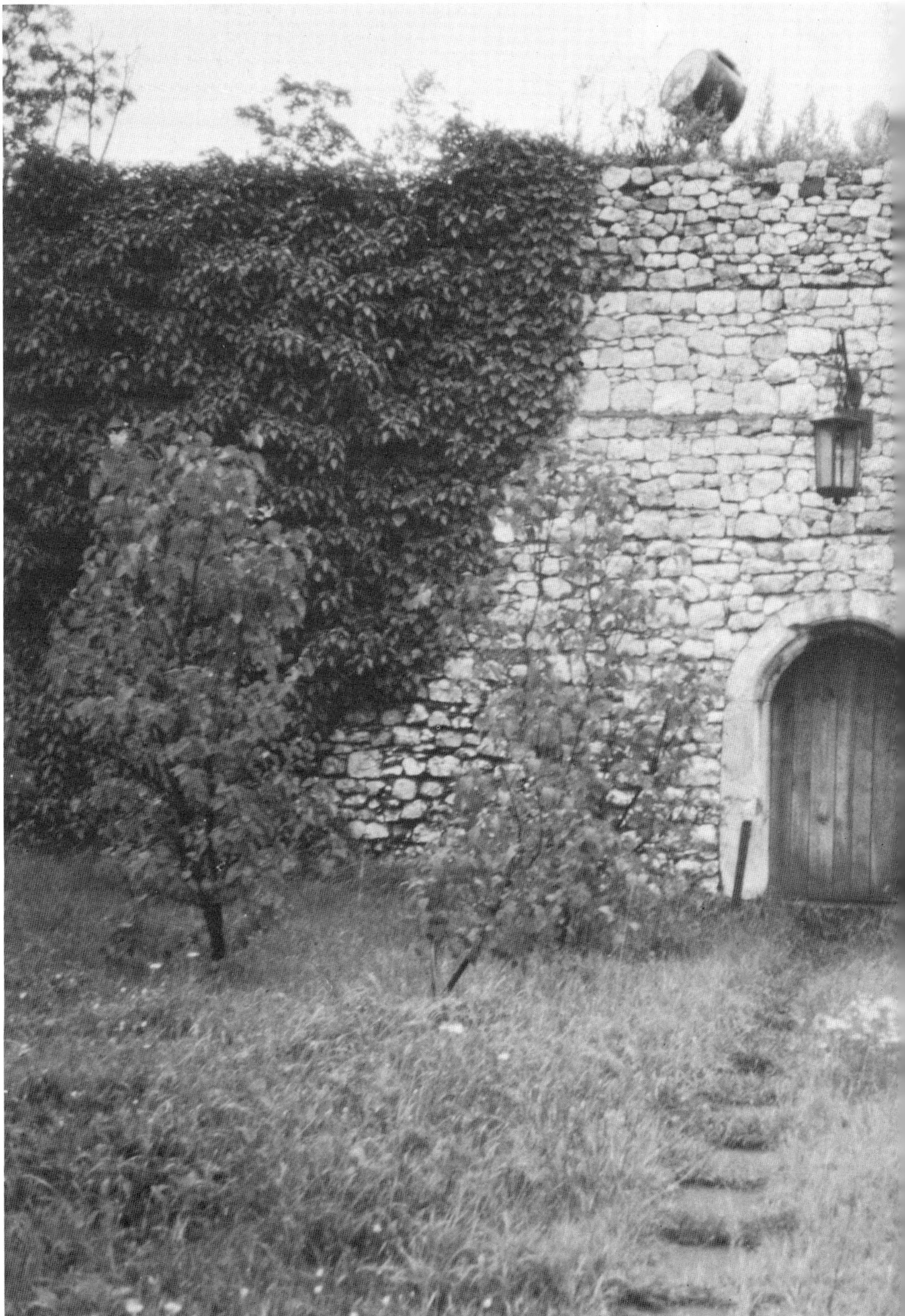

...der Sicherheit halber bereite man sich bereits auf Erden das Paradies.

Madame de la Verrue

Auf dem Wawel, Krakau

nen können. Denn „...überall, wo sich Menschen im Gelände bewegen, bilden sich durch Gewohnheit bestimmte Wege, und diese ausgetretenen Wege erweisen sich als sehr viel bequemere Verbindungsmittel als die ungebahnten Flächen dazwischen."[2] Von diesen können einige als Haupterschließungswege des verwildernden Areals mit den Zielpunkten der äußeren Umgebung gelten. Um den Eindruck der „Wildheit" des Geländes nicht zu stören, sollte ein Großteil der Wege auch weiterhin nur bescheidenste Dimensionen aufweisen, ähnlich Wegen, die meist nur von einem Menschen (oder „im Gänsemarsch") begangen werden, daher kaum jemals breiter als 25—30 cm ausgetreten sind und immer „eine Spur" tiefer als die Umgebung liegen.

In spannenden, von vielen potentiellen Anziehungspunkten durchsetzten Bereichen wäre auch eine „ideale" Wegeführung denkbar: ganz bewußt folgen Pfade einer besonders reizvollen Linienführung, sich von Attraktion zu Attraktion steigernd, hin und wieder Ziele über Sichtschneisen präsentierend, um sich gleich darauf wieder zu verhüllen, bis sie endlich erreichbar werden.

Ähnliche Ansätze eines illusionistischen Erschließungskonzeptes beschreibt der französische Landschaftsarchitekt und Bildhauer Bernard Lassus. In seiner Intention, viel-

Vorher: Trümmergrundstück an der Mökkernstraße, West-Berlin; Ein lange Zeit unberührtes Bauerwartungsland sollte nun kleiner, öffentlicher Freiraum werden.

Möckernpark nachher

schichtige Freiräume zu gestalten, um Menschen verschiedensten kulturellen Niveaus und unterschiedlichster Wahrnehmungsweisen jeweils zusätzliche Bedeutungsebenen zu erschließen, fordert er: „...präzise Sichtverbindungen werden wieder ausgeglichen durch das Fehlen aller begehbaren Wege...wird ein Gebiet überblickbar, muß der physische Zugang schwierig und umgekehrt, ist der physische Zugang vorhanden, muß die Übersichtlichkeit unterbunden und die Entdeckung sukzessiv gestaltet werden."[3] Forderungen wie

169

diese stehen allerdings im Widerspruch zur derzeit üblichen Wegedimensionierungs-Praxis, die meist breite, auf maximale Besucherströme berechnete „Bänder", Autobahnklothoiden ähnlich, vorsieht und sich mehr an dem für den Pflegeeinsatz zur Verfügung stehenden Maschinenpark orientiert, und weniger an den Bedürfnissen der Menschen. Immer aber wird sich der Raum für den Nutzer sehr bald gliedern nach „...gewohnten, bevorzugten und gemiedenen Wegen und Plätzen".[4]

Alle Elemente einer Wegeführung, die Irritation in der Einschätzung der beim nächsten Schritt erwarteten Umgebung erzeugen, also Täuschungen hervorrufen, schaffen Momente intensiver Raumerlebnisse im Augenblick der Erkenntnis: „Wo sich Ausblicke bieten, etwa von hohen Punkten aus, müßte der Zugang zu ihnen schwierig gestaltet werden, ja fast unmöglich sein. Umgekehrt, wo es einen Zugang gibt, müßte das Gesichtsfeld sehr eingeschränkt und die Entdeckung nur stückweise ermöglicht werden... Ein Element der Trennung könnte eine Mauer sein, ...vielleicht ein Relikt im jeweiligen Areal."[5]

Geschickt gelegt, kann ein Wegenetz, das die aufgekommene Ruderalvegetation ebenso wie vorhandenes, bewegtes Relief sensibel einbezieht, die gängige Praxis in der Behandlung städtischer Freiräume verhindern, „...die bisher vornehmlich in der Beseitigung der vorhandenen Pflanzendecke und dem Anpflanzen fremdländischer Zierpflanzen und Bäume bestand."[6] So hilft gute Wegeführung, die spontane, an die jeweiligen Verhältnisse angepaßte Vegetation bewußt verwenden und verwilderte Strukturen in ihrem Reiz erhalten zu können, gleichzeitig macht sie solche innerstädtischen Freiräume auch Bevölkerungsgruppen zugänglich, die nicht — wie etwa Kinder — diese schon längst für sich erobert haben.

Ein aufmerksames Beachten des schon vorher bestehenden Zustandes und der vielen Schöpfungen zwischen Zaun und Hausfassade hat Bernard Lassus zum Begriff des „landschaftlichen Substrats" geführt: „Damit will ich zeigen, wie wichtig es für mich ist, die gegebenen Möglichkeiten eines Ortes zu erhalten, ja diese eher noch zu vermehren, um eine lebendige dialektische Beziehung zwischen dem Bewohner und dem Fachmann zu verstärken."[7]

Die Wegeführung des „Möckernparks", die auf Anregung des Studienprojekts „Möckernstraße" (TU Berlin 1983) schließlich entstand, orientiert sich am gegebenen, durch

Kinder verschaffen sich ungeniert Zugang zu „Spielarealen"

Trümmerschutt verursachten Relief und den darauf „antwortenden" Spontanpfaden der vormaligen „wilden" Nutzung (ehemaliges Baugrundstück). Die Breite dieses im Foto (Seite 169) eben neuangelegten Weges wirkt noch etwas überdimensioniert, wird aber rasch vom Rande her auf einen durchschnittlichen Betritt verwildern.

Sukzessionssteuerung

Verwilderung als gestaltbildendes „Agens" eröffnet — will man ein Areal nicht in schlichter Unberührtheit gänzlich sich selbst überlassen — Möglichkeiten, bewußt Änderungen im Erscheinungsbild des Geländes zu initiieren, oder zu späteren Zeitpunkten sukzessionssteuernd, gewissermaßen im erweiterten Sinn „pflegend" einzugreifen. So wird der Mensch der Natur „beim Verbinden der Bäume und Gesträuche"8 zur Erzielung eines malerischen Eindrucks wohl hin und wieder auf die Sprünge helfen dürfen.

Sukzessionssteuerung, die den Raumeindruck ändert

Werden Anfangsphasen der Verwilderung nur von kleinen Kindern als blickbegrenzend (raumbildend) empfunden (etwa dichte und hohe Reitgras- oder Goldrutenbestände), so drängt sich spätestens beim Aufkommen von Bäumen und Großstadtsträuchern der veränderte Raumeindruck auch Erwachsenen auf. Sind die Gehölze auch schon seit Beginn der pflanzlichen Besiedlung dabei, so fallen sie doch erst ins Auge, wenn sie sich deutlich über die Krautschicht erheben. Dann verändern sich plötzlich die Größenverhältnisse der Umgebung, der Mensch „schrumpft" neben größer werdenden Bäumen, eine ehemals weite, zusammenhängende Fläche kann nun zur Aufeinanderfolge dichter, vielfältig gekammerter Einzelräume werden, die überraschende Vielfalt bergen. Der vormals vielleicht bestehende Eindruck einer vom Wind durchblasenen Weite weicht dem Geborgenheit vermittelnden Gefühl, sich in einem windstillen, intimen, „geschlossenen" Gelände hoher Strukturvielfalt zu befinden.

> Drückt sich die Natur beim Verbinden der Bäume und Gesträuche nur zufällig bildlich aus, so tut dies die Kunst mit Vorsatz. Das Bestreben der Natur paßt vorzüglich dahin, ihren Pflanzen jene Stellen anzuweisen, wo sich diese ernähren und verbreiten können, ohne Rücksicht, ob sich gerade die Bäume oder Sträucher, die sie in Verbindung bringt, malerisch ausdrücken oder nicht: Allein die Kunst bemüht sich beides zu erreichen.
>
> Ludwig von Sckell

Gezielte „Bodenverwundung", also punktuelles Offenhalten des Bodens, bis an den gewünschten Stellen Gehölzsamen aufgehen und Jungpflanzen emporwachsen, kann die Entstehung dieses Raumeindrucks beschleunigen.

SCHWERPUNKTBILDUNG

Beschränkt man die „Bodenverwundung" auf wenige ausgewählte Punkte des Areals, so lassen sich damit auf einfache Weise „Schwerpunkte" des verwildernden Ortes erzielen.

PFLANZENVORHÄNGE SCHAFFEN RÄUMLICHE TIEFE — KÖNNEN ABER AUCH DEN RAUM BEGRENZEN

What is behind that curtain?

LAURIE ANDERSON

Spätestens im Herbst ist er nicht mehr zu übersehen; faszinierend das leuchtende Rot seiner Blätter, die Zweige umschlingen in luftiger Höhe banale Leitungsdrähte und hängen von dort, wehenden Vorhängen ähnlich, zu Boden: Wilder Wein, einer von vielen „Eroberern der Vertikalen", die alle — auch Waldrebe, Efeu, Knöterich u. a. —, wenn ihnen entsprechende senkrechte Strukturen zur Verfügung stehen (z. B. Drähte, Latten, Zäune, aber auch Bäume), ohne großen Flächenaufwand Räume abgrenzen, manchmal die Sicht versperren, oder, wenn mehrere solcher Vertikalstrukturen hintereinander gestaffelt einen Blick dazwischen freigeben, auch größere räumliche Tiefe vortäuschen.

VERÄNDERUNGEN DES SUBSTRATS — RELIEFÄNDERUNG

Im Diplomatenviertel Berlin-West

Freilich läßt sich auch Ausgangssubstrat — Boden- und Kleinrelief — verändern und damit bereits zu Beginn der Verwilderung geänderte sukzessive Pflanzenentwicklungen initiieren, aber auch neue Nutzungen hervorrufen. Bauschuttmaterialien und „Abfälle" können dabei eine wesentliche Rolle spielen, denn „...für den Aufbau vielseitiger Bodenstrukturen kann Material verwendet werden, das meistens als Abfall angesehen wird"[9] („Abfallbarock").

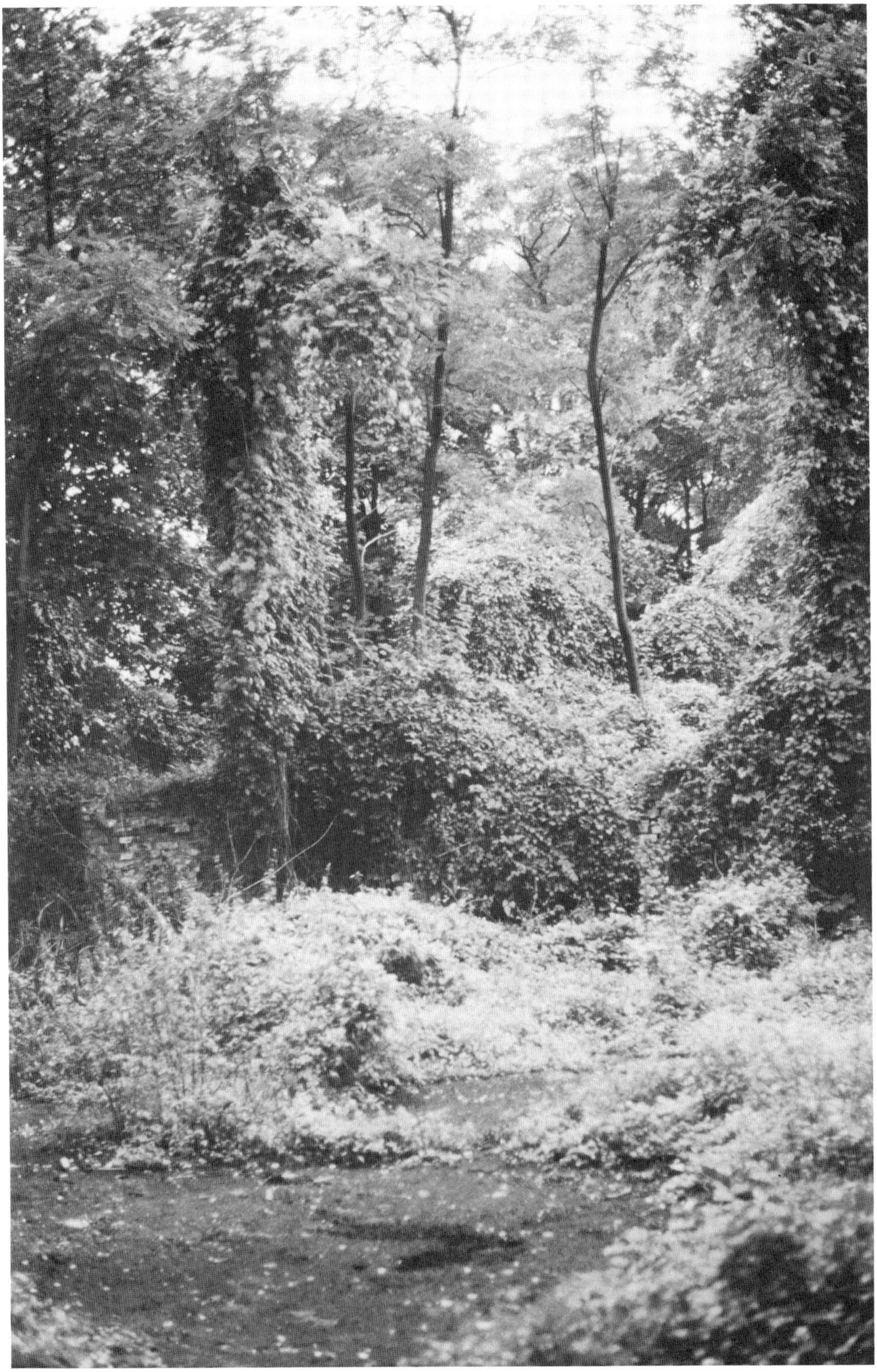

Projekt Kennedylaan-Heerenveen, Louis Le Roy

In der Art, wie Louis Le Roy Bauschuttmaterialien in diese Situation einbringt, zeigt sich deutlich sein sonst selten erwähntes gestalterisches Wollen und Können, das weit über eine Zufallsgestaltung hinausgeht. Eine gute Verbindung ökologisch wichtiger und gestalterisch richtiger Elemente wird zu einer neuen Gestalt verknüpft und zur Ausgangssituation für Sukzessionsprozesse. Es gelingt ihm trotz der augenscheinlich üppigen Vielfalt der Elemente, diese durch Material- und Texturgleichheit (roter Ziegelstein in unterschiedlicher Größe) zu einer Gestalt hoher Einheitlichkeit zu verbinden.

Sukzessionssteuerung, die einen erwünschten Raumeindruck stabilisiert

Soll ein bestimmter, einmal erreichter Zustand erhalten bleiben, so macht dieser Wunsch nach Stabilisierung eines Moments der Sukzessionsentwicklung einen kontinuierlichen Pflegeeinsatz zur Freihaltung der Flächeneinheit gegen fortschreitende Gehölzentwicklung erforderlich (siehe Kapitel „Pflege"). „Will man die Ansiedlung von Holzgewächsen möglichst lange vermeiden, so muß man also dafür sorgen, daß von vornherein eine dichte und konkurrenzstarke Pflanzendecke rasch entsteht,"[10] beispielsweise indem ganz zu Beginn der pflanzlichen Wiederbesiedlung Saatgut von konkurrenzfähigen Hochstauden oder Gräsern *(Solidago, Helianthus, Oenothera, Calamagrostis* u. a.) in den zunächst noch offenen Boden eingebracht wird. Hochstauden, deren Jungpflanzen — aufgrund des Persistenz-Effekts relativ rasch ausdauernde — „quasi-stabile" Ruderalfluren begründen, die sich erhalten können, solange sie nicht durch Gehölze überschattet werden.

„Ausdauernde" Hochstaudenflur mit dominierender Goldrute

Fragmente einer Fensterhöhlung können Anlaß genug sein, die Illusion eines Ausblicks zu evozieren und im Freien einen Blick „ins Freie" anzubieten.

Wider die „Tabula rasa"

Üblicherweise werden Reste von Wohn- oder Industriebauten, Mauern, Fundamenten, Betonplatten, Blöcken, Treppen oder ähnlichem im Zuge einer Umgestaltung erst dem Erdboden gleichgemacht und einfach wegplaniert. Solches Vorgehen zerstört aber mögliche Juwele einer romantisch-illusionistischen Freiraumgestaltung, die diese ehemals bedeutungsvollen Elemente umdeutet, in anderen Sinnzusammenhang stellt und — kulissenähnlich — zu theatralischen Schwerpunkten eines verwildernden Ortes werden läßt.

Betriebsgelände von stillgelegten oder aus dem städtischen Gebiet an den Stadtrand umgesiedelten Industriebetrieben werden manchmal in öffentlichen Freiraum umgestaltet.

Dies war auch in Essen der Fall, wo auf dem Gelände der stillgelegten Krupp-Zeche „Helene" der Helenenpark (im Bild) entstand. Leider wurden dabei nach der „Tabula-rasa-

Vor der Gestaltung des Helenenparks: Die alte „Zechenmauer" der Krupp-Zeche „Helene".

Methode" alle Zeugen dieser industriellen Vergangenheit dem Vergessen preisgegeben und auch die alte Zechenmauer abgerissen, mit der Begründung, „sie riegle die neuangelegte Grünfläche von der Wohnsiedlung ab"[11].

So wurde „historischer" Bestand durch geschichtslose, austauschbare Banalität ersetzt, wo es gegolten hätte, die „capabilities" eines Ortes zu entdecken, bestehende Strukturen zu integrieren, eine alte, massive Ziegelmauer in ihren positiven Funktionen (Lärmschutz, Raumbildung, Elementenviel-

Helenenpark in Essen — ein Beispiel für viele.

Each place has its capability!

LANCELOT „CAPABILITY"
BROWN

falt) wenigstens teilweise zu erhalten, sie „durchgängig" zu machen und bewußt in eine Neu-Gestaltung einzubeziehen.

Eine verwilderte ehemalige Bahntrasse zum großen Schlachthof von La Villette in Paris (seit ihrer Stillegung von üppigen Gebüschen der wärme- und kalkliebenden Buddleia überwuchert) hätte zum reizvollen Ansatz eines phantasievollen Kinderspielgeländes werden können. Doch wie so oft bei „großen" Wettbewerben wurden auch hier derartige gebaute oder gewordene örtliche Merkzeichen, die die alltägliche Identität eines Ortes ausmachen, in den Wettbewerbsunterlagen nicht einmal dokumentiert. Entscheidungen der Jury tendieren dann zum „großen Wurf", der zunächst Tabula rasa vorsieht, kleine, örtliche, vertraute Strukturen vernichtet, anstatt diese sensibel in ein neues Ganzes einzubeziehen.

Neue Ruinenromantik

Wettbewerbsbeitrag für einen UNO-Pavillon in Wien,
Haus-Rucker-Co, 1978

Eingang zu einer Discothek in Berlin

„Zwischen den Säulen wuchern kräftige Stauden, saftige Unkräuter und Gewächse, wie sie auf stilliegenden Bauplätzen zu finden sind. Die wildwuchernden Pflanzen sind den 'wilden' Säulen verwandt. Mit vielfältiger Eigenart stehen sie gegen kultivierte Glätte."[12]

„Phänomene der Verwundung und der Verletzung, des Ruinenhaften, des Unperfekten sind nicht nur auf die Kunst beschränkt, sondern haben sich gerade in den letzten Jahren auch auf die Architektur erstreckt. Und so ist eine ganz eigenartig manieristische Architektur entstanden, wobei dieser Begriff durchaus im positiven Sinne gebraucht werden soll. Die Architektur kennt mit einem Mal wieder die künstliche Ruine. Das Verletzte, das Zerstörte, das Nicht-mehr-Intakte wird zu einem eigenartig faszinierenden Inhalt des Architekturbereiches."[13]

In der Dominanz des Vegetativen lassen sich Augenblicke neuer städtischer Sinnlichkeit erleben. Eine (neue!) Ruine „...als jene Form der Architektur, die dem organischen Naturzustand am nächsten ist...",[14] evoziert den Traum vom üppigen exotischen Dschungel als Gegenwelt zur Normalität der Stadt.

Assoziative Bilder

Ohne stringente Reihung sollen nachfolgende mehr oder weniger „illustionistische" Bilder das Prinzip der Gestaltung mit und durch Verwilderung weiter verdeutlichen, also die Saat sein, die im Betrachter zu eigenen Ideen „verwildert". Dabei sind einerseits in hohem Maße bestehende, gewachsene Ausgangssituationen einbezogen, um aus ihnen reizvolle Szenen zu entwickeln, von denen jede für sich einzigartig ist (womit jedoch keineswegs „sensationell" gemeint sein muß). Andererseits stehen sie jeweils für ein Gestaltungsprinzip, das auf die „Illusion der Wildnis" abzielt, die

Wenn wir heute keine Wunder mehr erleben, so zeigt dies nicht, daß wir klüger, sondern, daß wir temperamentloser, phantasieärmer, instinktschwächer, geistig leerer, kurz: daß wir dümmer geworden sind. Es geschehen keine Wunder mehr, aber nicht, weil wir in einer so fortgeschrittenen und erleuchteten, sondern weil wir in einer so heruntergekommenen und gottverlassenen Zeit leben.

EGON FRIEDELL

Macht der Natur demonstrieren will und dabei ihr charakteristisches malerisch-romantisches Wesen entfalten soll.

„…rings um das Schloß aber begann eine Dornenhecke zu wachsen, die jedes Jahr höher ward und endlich das ganze Schloß umzog und darüber hinauswuchs…"[15]

Ist die Vegetation üppig, so blüht auch die Phantasie!

Rechte Seite:
Margaretenhof, Wien

Märchen regen in ihrer Nähe zur archetypischen kindlichen Weltauffassung die Phantasie an und könnten vielleicht die *Suche* nach *Vorbildern* für stimmungsvolle *Szenen,* für mythische Orte beleben. Denn schließlich sind „…Stadtbiotope wichtig für die Begegnung mit Wichteln und Feen, Riesen, Zwergen und Elementargeistern: Gnomen, Sylphen, Undinen und Salamandern; mit Froschkönig und Frau Holle, dem Mann in allen Farben, der grünen Schlange und der schönen Lilie, mit Eisenhans und dem singenden, springenden Löweneckerchen."[16]

„Wenn einer glaubt, sich von einer Zukunft inspirieren lassen zu müssen, die voller kaum vorstellbarer neuer Möglichkeiten ist, warum sollte der andere nicht aus dem reichen Brunnen der Vergangenheit schöpfen dürfen?"[17] Denn insbesondere städtische Ballungsräume sind heute gleichbedeutend mit Lebensformen, in denen sich „…der Mensch kaum mehr der notwendigen Verbindung mit der Natur bewußt

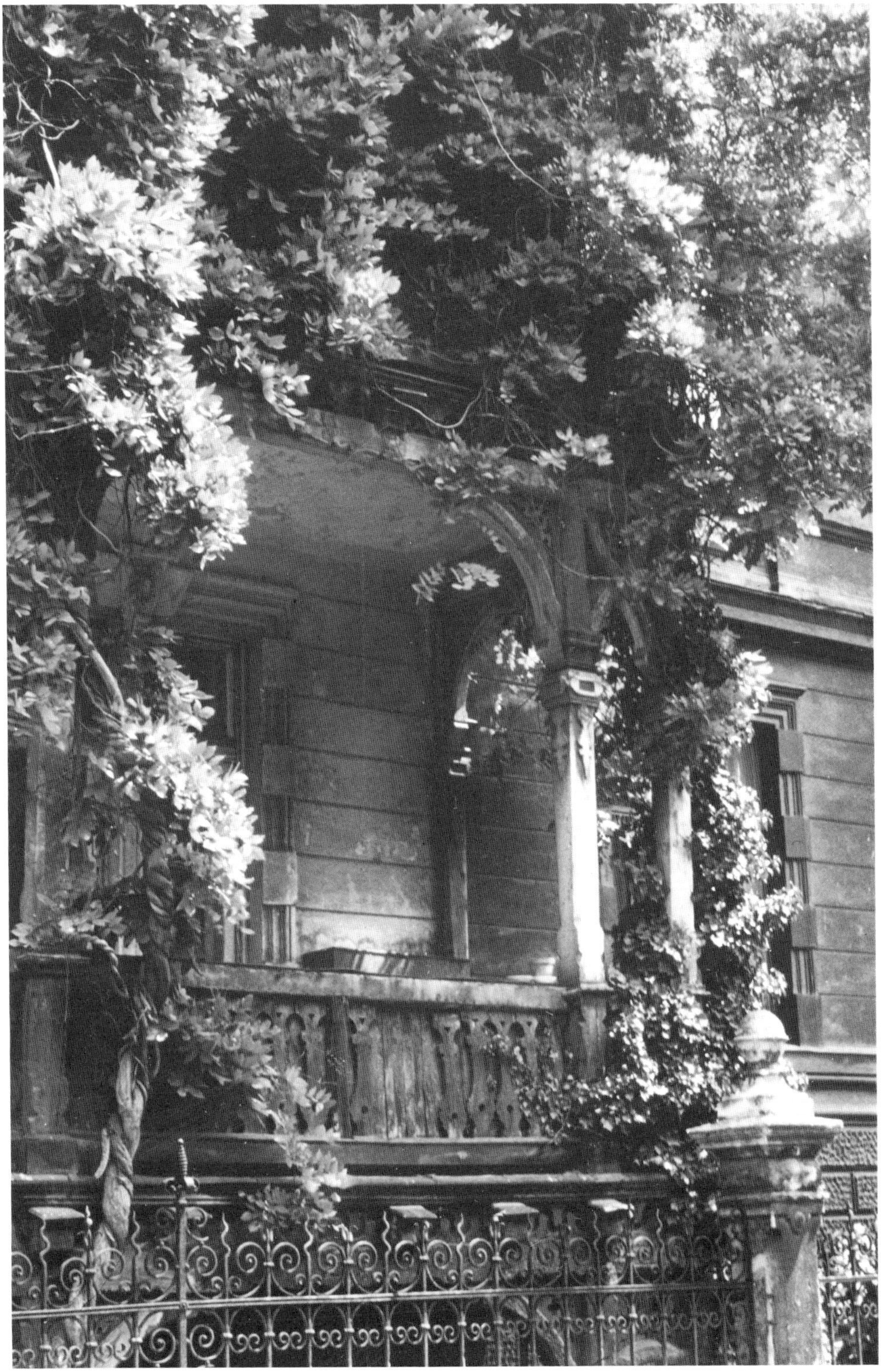

> Der du hier eintrittst, erwäge sorgsam ein Werk wie das andere, und sage mir dann, ob solche Wunder gemacht seien zum Betrug oder rein um der Künste willen!
>
> VICINO ORSINI

sein kann."[18] Oft ist es daher gegenwärtig ein inspirierender Blick auf traditionelle Bauweisen oder die Vision einer möglichen Zukunft, die helfen, Chancen für lebendiges Grün auch in allernächster Wohnumgebung zu entdecken.

Jahrhunderte alt und eingebunden in noch ältere Traditionen, läßt sich noch heute im italienischen Bomarzo eine durch und durch illusionistische Anlage bewundern. Fürst Vicino Orsini ererbte von seinen Vorfahren — unter anderem — auch das unterhalb des Ortes Bomarzo (Latium) gelegene Land, eine schwach geneigte Hangmulde, von zahlreichen, graublauen Felsbrocken übersät. Beseelt vom Geist des 16. Jahrhunderts (Vicino Orsini wurde 1522 geboren) und dem Wunsch, aus diesem Landstück eine eindrucksvolle Gartenanlage zu schaffen, nutzte der Fürst zusammen mit seinem kongenialen Bildhauer den Genius loci geschickt aus, um in mythologisierender Manier deutliche Zitate der etruskischen Vergangenheit dieser Gegend, ebenso wie der griechischen Sage zu verwirklichen. Aus den Felsbrocken wurden meist überlebensgroße, Vergänglichkeit symbolisierende, Skulpturen gehauen, so daß der „Initiand" einer „idealen Wegeführung" folgend, von unten emporsteigend mit sämtlichen Skulpturen, Göttern, Monstern, Grabstätten konfrontiert wird, um schließlich an der höchsten Stelle des Parkes das kleine Tempelchen in friedlicher Heiterkeit vorzufinden. In den fünfziger Jahren war der „Sacro-Bosco" mehr oder weniger unentdeckt und schlummerte „verwahrlost" unter dichtem Gebüsch, Unkraut und Bäumen. Heute findet man den Park „gepflegt", die bizarren Monster vom wuchernden Gestrüpp entblößt vor. Ein Mehr an Verwilderung könnte wieder jene Überraschungsmomente hervorrufen, die Intention des Erbauers (und Illusionisten) Vicino Orsini waren.

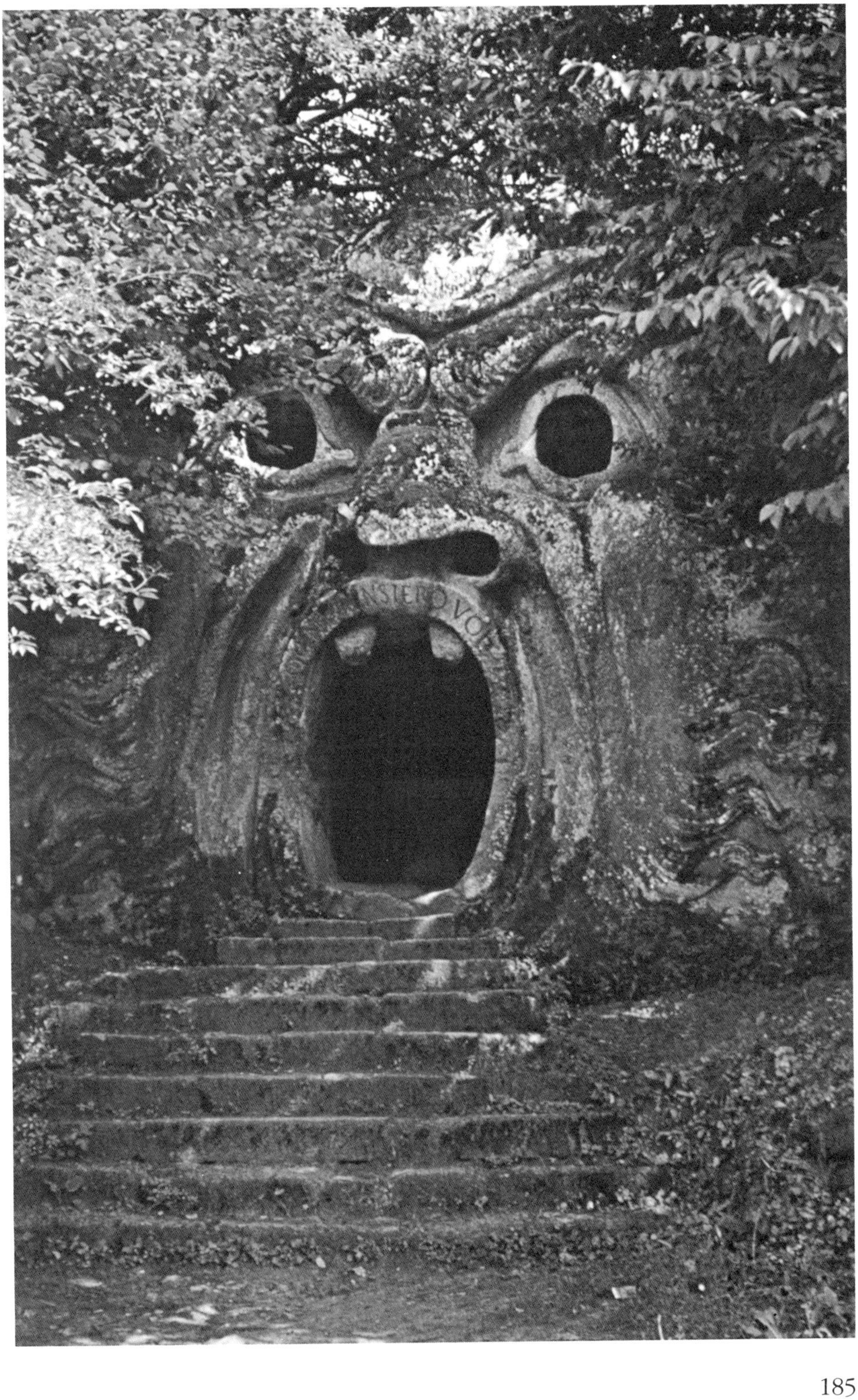

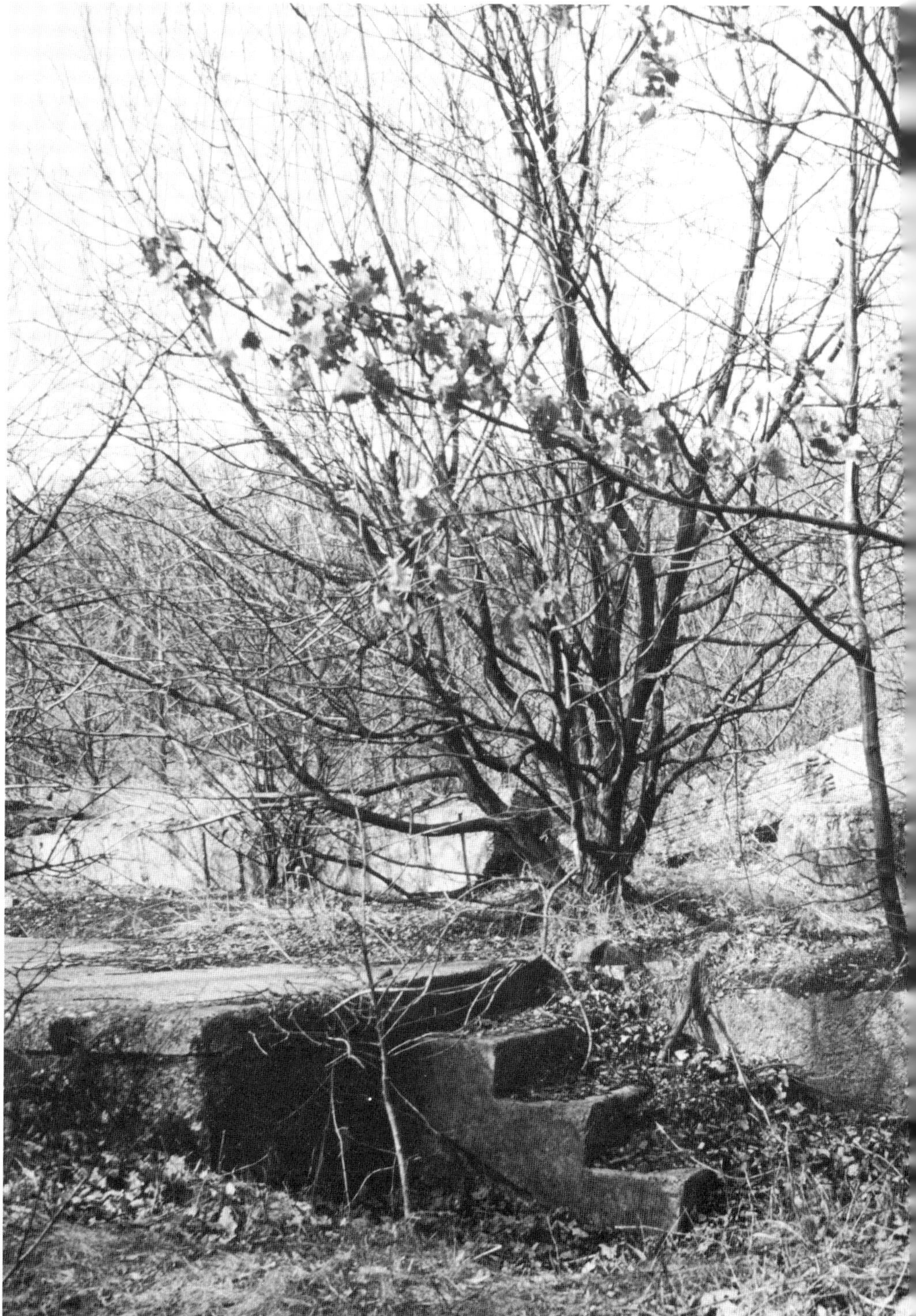

Anstatt genau analysierte Bedürfnisse zu organisieren, sollten Planer eher den nur in Umrissen bekannten oder auch unbekannten Bedürfnissen Gelegenheiten offerieren.

HEINEMANN UND
POMMERENING

ANHANG

Anmerkungen

Verwilderung

1 Vgl. Forstner W., Hübl, E.: Ruderal-, Segetal- und Adventivflora von Wien.

Der Hang zur Verwilderung

1 Vgl. Maderthaner, R.: Die Funktionen der Landschaft aus ökopsychologischer Sicht, S. 35
2 Vgl. Hohn, H. W.: Die Zerstörung der Zeit, S. 163
3 Gerken, G.: So, als gäbe es einen spirituellen Plan, S 2
4 Vgl. Hohn, a.a.O., S. 163
5 Gerken, a.a.O., S. 2
6 Moskovici, S.: Sozialer Wandel durch Minoritäten, S. 261
7 Ebenda, S. 262
8 Vgl. Nohl, W.: Der Mensch und das Bild seiner Landschaft, S. 7
9 Schnack, F.: Traum vom Paradies, S. 366
10 Vgl. Pohlen, A.: Zeichen und Mythen — Orte der Entfaltung, S. 11
11 Vgl. Bollnow, O. F.: Mensch und Raum, S. 119
12 Pohlen, a.a.O., S. 13
13 Gehmacher, E.: Hat die Friedensbewegung eine Chance? S. 15 ff.
14 Ebenda
15 Hillmann, J.: Am Anfang war das Bild, S. 123
16 Bachelard, G.: Poetik des Raumes, S. 97
17 Vgl. Bollnow, a.a.O., S. 213
18 Ullmann, G.: Niemandsland — Stadtbrachen und wildes Gelände im Wohnbereich, S. 111
19 Schnack, a.a.O., S. 304
20 Bollnow, a.a.O., S. 231
21 Maderthaner, a.a.O., S. 34
22 Norberg-Schulz, Ch.: Genius Loci, S. 42
23 Skinner, S.: Chinesische Geomantie, S. 21
24 Vgl. Simmen, J.: Ruinenromantik, S. 8 ff.
25 Kräftner, J.: Der architektonische Baum, S. 38
26 Simmen, a.a.O., S. 20
27 Ebenda, S. 209 ff.
28 Marshall, A.: Spirit and Invention, S. 25 ff.
29 Vgl. Heinemann, G., Pommerening, K.: Freiraumanalyse innerstädtischer Gebiete, S. 615/616
30 Vgl. Tarkowskij, A.: Die versiegelte Zeit.
31 Cassirer, E.: Idee und Gestalt, S. 121
32 Wölfflin, H.: Kunstgeschichtliche Grundbegriffe, S. 39
33 Vgl. Kräftner, a.a.O., S. 7
34 Hannesen, H. G.: Ausstellungskatalog — Kaspar David Friedrich, S. 40
35 Norberg-Schulz, a.a.O., S. 42
36 Seiberth, H.: Stadtökologie — Naturschutz und Landschaftspflege in der Großstadt, S. 158
37 Norberg-Schulz, a.a.O., S. 32
38 Vgl. Grimms Märchen
39 Golowin, S.: Symbole aus dem Sagenkreis weiser Frauen, S. 232
40 Pohlen, a.a.O., S. 13
41 Hansen, H. A.: Der Hexengarten, S. 21
42 Vgl. Hansen, a.a.O., S. 21
43 Hansen, a.a.O., S. 95
44 Vgl. Forstner und Hübl, a.a.O.
45 Vgl. Ebenda
46 Schulte, W.: Lebensraum Stadt, S. 60
47 Vgl. Weber, R.: Ruderalpflanzen und ihre Gesellschaften, S. 115
48 Vgl. Forstner und Hübl, a.a.O.
49 Vgl. Golowin, a.a.O.
50 Vgl. Sukopp, H.: Veränderung von Flora und Vegetation in Agrarlandschaften, S. 261
51 Findeis, M.: Wildgemüse und Heilkräuter in der Nähe der Großstadt, S. 7
52 Vgl. Findeis, a.a.O., S. 8
53 Hart, R.: Wildlands for children, S. 36
54 Vgl. Schottmayer, G. et alteri: Der Bauspielplatz — Untersuchung über Freizeitareale in Dänemark.
55 Vgl. Hart, a.a.O., S. 36
56 Heinemann und Pommerening, a.a.O., S. 616
57 Vgl. Becker, P.: Die Straße als Lernort, S. 15/16
58 Langenbach, H.: Wildnis in der Stadt, S. 38
59 Vgl. Hurtwood, Lady Allen of: Planning for Play.
60 Vgl. Hart, a.a.O., S. 38
61 Lötsch, B.: Auf der Suche nach dem menschlichen Maß, S. 21 ff.
62 Vgl. Hart, a.a.O., S. 38
63 Fellner, H.: Die Problemsituation des schulpflichtig gewordenen Kindes hinsichtlich seines Spiels im Freien, S. 87
64 Bayr-Klimpfinger, S.: Die Bedeutung der Spielerziehung für das Kind einer industriellen Gesellschaft, S. 5
65 Woess, F. et alteri: Spielversuche auf der Naturspielanlage Gspöttgraben.

66 Fellner, a.a.O., S. 214
67 Lötsch, a.a.O., S. 21 ff.
68 Vgl. Bayr-Klimpfinger, a.a.O., S. 3 ff.
69 Lötsch, a.a.O., S. 21 ff.
70 Eick, K.: Untersuchung der Freiraumnutzung durch Kinder, S. 211
71 Vgl. Hart, a.a.O., S. 37

Der Prozess der Verwilderung — Gestaltbildung durch Verwilderung

1 Vgl. Sukopp, H.: Ökologische Grundlagen für die Stadtplanung, S. 173 ff.
2 Hübl, E.: Acker- und Ruderalflora, S. 167
3 Le Roy, Louis G.: Natur ausschalten — Natur einschalten S. 136
4 Ellenberg, H.: Vegetation Mitteleuropas mit den Alpen in ökologischer Sicht, S. 803
5 Hübl, a.a.O., S. 157
6 Weber, a.a.O., S. 150
7 Vgl. Sukopp, H. et alteri: Freiräume im „Zentralen Bereich", S. 74 ff.
8 Gerlach, P.: 40 Thesen zur Problematik der Brachflächen, S. 13
9 Sukopp: Ökologische Grundlagen..., S. 174
10 Vgl. Forstner und Hübl, a.a.O., S. 1
11 Hübl, a.a.O., S. 167
12 Vgl. Weber, a.a.O., S. 100
13 Vgl. Blab, J.: Grundlagen des Biotopschutzes für Tiere, S. 100 ff.
14 Ellenberg, a.a.O., S. 809
15 Ebenda, S. 811
16 Hübl, E., Holzner, W.: Vorläufiger Überblick über die Ruderalflora von Wien, S. 235
17 Hübl und Holzner, a.a.O., S. 236
18 Vgl. Darlington, A.: Ecology of Walls, S. 8
19 Vgl. Ebenda, S. 5
20 Vgl. Ebenda, S. 5
21 Ebenda, S. 33
22 Ellenberg, a.a.O., S. 806
23 Darlington, a.a.O., S. 53
24 Ebenda, S. 9
25 Blab, a.a.O, S. 178 ff.
26 Vgl. Ebenda, S. 175
27 Vgl. Ebenda, S. 177
28 Vgl. Wildermuth, H.: Natur als Aufgabe.
29 Vgl. Schulte, Lebensraum Stadt, S. 74
30 Ellenberg, a.a.O., S. 814
31 Gerlach, a.a.O., S. 13
32 Vgl. Hübl, a.a.O., S. 175 ff.
33 Ellenberg, a.a.O., S. 837
34 Böse, H., Schürmeyer, B.: Folgen von Verkehrsberuhigung, S. 27 ff.
35 Vgl. Blab, a.a.O., S. 151 ff.
36 Vgl. Norberg-Schulz, S. 42 ff.
37 Vgl. Sukopp: Ökologische Grundlagen..., S. 177
38 Ebenda
39 Ellenberg, a.a.O., S. 840
40 Gerlach, a.a.O., S. 15
41 Vgl. Ebenda, S. 13
42 Ellenberg, a.a.O., S. 840
43 Margl. H.: Zur Ortung von Siedlungswüsten unter Wald, S. 4
44 Ebenda, S. 1
45 Ebenda, S. 3
46 Bollnow, a.a.O., S. 217

Gestaltänderung verwildernder Areale durch menschliche Nutzung

1 Hülbusch et alteri: Freiraum- und landschaftsplanerische Analyse des Stadtgebietes von Schleswig, S. 120
2 Vgl. Jakimowic, P.: Pfade
3 Hübl, a.a.O., S. 169
4 Weber, a.a.O., S. 140
5 Vgl. Böse und Schürmeyer, a.a.O.
6 Hübl, a.a.O., S. 168
7 Oberndorfer, E.: Süddeutsche Planzengesellschaften, S. 66
8 Böse und Schürmeyer, a.a.O., S. 27 ff.
9 Langenbach, a.a.O., S. 38

Verwilderung in der Stadt

1 Vgl. Kienast, D.: Die spontane Vegetation der Stadt Kassel in Abhängigkeit von bau- und stadtstrukturellen Quartierstypen
2 Blab, a.a.O., S. 188
3 Seiberth, a.a.O., S. 156
4 Vgl. Kienast, a.a.O., S. 388
5 Blab, a.a.O., S. 188
6 Vgl. Blab, a.a.O., S. 168
7 Vgl. ANL / BFANL: Leitlinien zur Ausbringung heimischer Wildpflanzen, S. 279 ff.
8 Vgl. Le Roy, a.a.O., S. 111
9 Vgl. Woess, F. et alteri: Wiener Gstettnkonzept
10 Vgl. Wildermuth, a.a.O., S. 159
11 Vgl. Stern, S.: Endstation Wald, S. 88 ff.
12 Hülbusch, K. H.: Das wilde Grün der Städte, S. 193
13 Sukopp mündlich in einem Vortrag 1981 in Wien
14 Vgl. Klemp, H.: Mehr Natur in Dorf und Stadt
15 Vgl. Lassus, B.: Ein spezieller Fall — der Garten der Vergangenheit, S. 284
16 Mühlich-von Staden, Ch., Mühlich, W.: Wohnen und Bauen wieder neu lernen — in der Gruppe? S. 24
17 Heinemann und Pommerening, a.a.O., S. 617

Umgang mit Verwilderung — Pflege

1 Vgl. Woess et alteri, Wiener Gstettnkonzept
2 Vgl. Wildermuth, a.a.O.

3 Vloten, W. von, zit. in: Schnack, a.a.O., S. 10
4 Vgl. Kienast, a.a.O.
5 Vgl. Heinemann und Pommerening, a.a.O., S. 615 ff.
6 Vgl. Kienast, a.a.0.
7 Vgl. Klemp, a.a.0.
8 Vgl. Gerlach, a.a.O., S. 11
9 Luz, H.: Stuttgarter Gärten, S. 167
10 Vgl. Blab, a.a.O., S. 86
11 Vgl. Schmidt, W.: Ungestörte und gelenkte Sukzession auf Brachäckern, S. 113
12 Vgl. Blab, a.a.O., S. 140
13 Vgl. Ebenda, S. 171
14 Gerlach, a.a.O., S. 12
15 Ebenda, S. 12
16 Vgl. Blab, a.a.O., S. 155
17 Vgl. Ebenda, S. 166
18 Vgl. Ebenda, S. 178
19 Vgl. Schuhmacher, W.: Fächensicherung für den Wildpflanzenschutz, S. 125
20 Vgl. Blab, a.a.O., S. 136
21 Le Roy, a.a.O., S. 63
22 Böse und Schürmeyer, a.a.O., S. 27 ff.
23 Vgl. Ambrozy-Migazzi, Istvan Graf: Stauden zur Verwilderung, S. 58 ff.

WENN GÄRTEN VERWILDERN...

1 Vgl. Mückenhausen, E.: Entstehung, Eigenschaften und Systematik der Böden der Bundesrepublik Deutschland
2 Ellenberg, a.a.O., S. 838
3 Ebenda, S. 839
4 Ebenda, S. 838
5 Vgl. Oberdorfer, a.a.O., S. 262 ff.

6 Vgl. Blab, a.a.O., S. 147
7 Burckhardt, L.: Die Kinder fressen ihre Revolution, S. 308
8 Gerlach, a.a.O., S. 17
9 Vgl. Ambrozy-Migazzi, a.a.O., S. 58 ff.
10 Vgl. Forstner und Hübl, a.a.O.
11 Vgl. Gerlach, a.a.O., S. 12
12 Vgl. Blab, a.a.O., S. 163 ff.
13 Vgl. Ellenberg, a.a.O., S. 714
14 Vgl. Blab, a.a.0.

VERWILDERUNG ALS TRÄGER ILLUSIONISTISCHER FREIRAUMINSZENIERUNGEN

1 Bollnow, a.a.O., S. 53
2 Ebenda, S. 97
3 Lassus, a.a.O., S. 287
4 Bollnow, a.a.O., S. 70
5 Lassus, a.a.O., S. 284
6 Sukopp, Ökologische Grundlagen..., S. 179
7 Lassus, a.a.O., S. 283
8 Sckell, L. von, zit. in: Kuphaldt, G.: Die Praxis der angewandten Dendrologie.
9 Le Roy, a.a.O., S. 70/71
10 Ellenberg, a.a.O., S. 838
11 Vgl. Schröder, H., Eickenberg, R.J.: Ein Netz von Freiflächen, S. 28/29
12 Haus-Rucker-Co 1967–1983, S. 190
13 Feuerstein, G.: Architektur — Kunst — Magie, S. 137
14 Kräftner, a.a.O., S. 38
15 Grimms Märchen, Dornröschen
16 Seiberth, a.a.O., S. 158
17 Le Roy, a.a.O., S. 124
18 Ebenda, S. 14

Einige Fachbegriffe

ADVENTIVFLORA — Zur Adventivflora gehören Pflanzen, die aus anderen Florenreichen eingewandert sind. (Alt- und Neueinwanderer = Archaeo- und Neophyten).
AREAL — ... dieser Begriff wird im Text nicht im botanisch-pflanzensoziologischen Sinne verwendet!
BIOTOP — Lebensstätte: für Pflanzen nur der abiotische Teil des Gefüges, für Tiere zählen zu ihm auch die Pflanzen.
GEOPHYTEN — Frühlingsblüher, die im Unterwuchs von Bäumen in kurzen zwei bis drei Monaten, solange die Bäume noch nicht dicht belaubt sind — also im Frühling — Blätter, Blüten, Früchte oder Brutknospen ausbilden und außerdem genügend Nährstoffe in Zwiebeln, Rhizomen oder Knollen sammeln, um im folgenden Frühjahr wieder austreiben zu können.
HABITAT — Wohnstätte von Tieren.
HEMIKRYPTOPHYTEN — oberirdisch überwintern bei diesen Pflanzen Blattrosetten oder -halbrosetten.
HERBIZIDE — Unkrautbekämpfungsmittel
IMAGO — Letztes Entwicklungsstadium bei Tieren mit unvollkommener und vollkommener Verwandlung (z.B. bei Schmetterlingen).
KLIMAXGESELLSCHAFT — Endstufe einer Entwicklung der Vegetation (in Mitteleuropa zumeist Waldbestand).
KRYPTOGAMEN — Algen-, Flechten-, Moosgesellschaften.
KRYPTOPHYTEN — Pflanzen, die mit Hilfe von Zwiebeln, Knollen, Wurzelstöcken überwintern.
ÖKOLOGIE — Lehre von den Wechselbeziehungen zwischen Organismen und Umwelt.
ÖKOSYSTEM — Kleinere, mehr oder weniger abgegrenzte biologische Systeme innerhalb der Gesamtheit aller Organismen.
PERSISTENZ — Das Überdauern einer Pflanze am Wuchsort.
PLANZENSOZIOLOGIE — gliedert Vegetation systematisch (nach Kenn- und Trennarten) in Klassen, Ordnungen, Verbände, Assoziationen, Subassoziationen, Varianten, ... macht vegetationskundliche Erhebungen und stellt diese kartographisch dar.
PIONIERPFLANZEN — Pflanzen, die in der Lage sind, Rohböden zu besiedeln.
„ROTE LISTEN" — Zusammenstellungen gefährdeter Lebensgemeinschaften (Pflanzen und Tiere).
RUDERALFLORA — ausschließlich menschlich bedingte Ansiedlung von Pflanzen auf Ruinen, Schutt, Müll u.s.w.
SCHLAGFLORA — hierzu zählen die Pflanzen der Kahlschläge und Waldlichtungen.
SEGETALFLORA — Ackerwildflora („Ackerunkräuter").
STANDORT — alle physikalisch-chemischen Faktoren, die auf die Pflanze einwirken, sie machen die Standortseigenschaften aus.
SUKZESSION — Vegetationsentwicklung im Laufe der Zeit (vom Pionierstadium auf Rohböden, über Zwischenstadien bis zur Klimaxgesellschaft).
SYMBIOSEN — Zusammenleben verschiedener Organismen zur gegenseitigen Ergänzung oder Förderung der Partner.
THEROPHYTEN — durch Samen überwinternde Pflanzen.
TOXISCH — giftig.
WUCHSORT — die Stelle, an der die Pflanze wächst.

LITERATUR

ACHLEITNER, F.: Die Ware Landschaft. Salzburg (Residenz Verlag) 1977
ALBERTSHAUSER, E.M.: Wildpflanzengesellschaften als Gestaltungselemente öffentlicher Grünanlagen. S. 58—63 in: Peter-Joseph-Lenné-Preis 1979 — Berlin (Eigenverlag des Senators für Wissenschaft und kulturelle Angelegenheiten) 1981
AMBROZY-MIGAZZI, Istvan Graf: Stauden zum Verwildern. S. 58—72 in Silva Tarouca / Camillo Schneider
ANDRITZKY, M., SPITZER, K.: Grün in der Stadt. Reinbeck (Rowohlt Taschenbuch Verlag) 1981
ANL — AKADEMIE FÜR NATURSCHUTZ UND LANDSCHAFTSPFLEGE: Beurteilung des Landschaftsbildes. Tagungsbericht 7/81 Laufen / Salzach (Eigenverlag) 1981
ANL / BFANL: Leitlinien zur Ausbringung heimischer Wildpflanzen. S. 279—281 in: ANL — Akademie für Naturschutz und Landschaftspflege — Tagungsbericht 6/1982
APPELT, Dieter: Photosequenzen, Performances, Objekte, Filme. Berlin (Ausstellungskatalog) 1981
BACHELARD, Gaston: Poetik des Raumes. Frankfurt, Berlin, Wien (Ullstein Verlag) 1975
BARNDT, D.: Die Laufkäferfauna von Berlin (West). Mit Kennzeichnung und Auswertung der verschollenen und gefährdeten Arten (Rote Liste). S. 233—265 in: Landschaftsentwicklung und Umweltforschung 11/1982
BAYR-KLIMPFLINGER, Sylvia: Die Bedeutung der Spielerziehung für das Kind einer industriellen Gesellschaft. S. 3—8 in: Unsere Kinder 6/1963
BECHSTEIN, Ludwig: Märchen. (Verlag Carl Ueberreuter) Wien-Heidelberg 1952
BECKER, Peter: Die Straße als Lernort. Verkehr und Wohnumfeld im Alltag von Kindern. S. 15/16 in: Forschung Aktuell — Berlin 7/1985
BERTEAUX, Pierre: Mutation der Menschheit. Zukunft und Lebenssinn. Frankfurt (Suhrkamp) 1979
BIERHALS, E. et alteri: Brachflächen in der Landschaft. Darmstadt (KTBL-Verlag) 1976
BLAB, Josef: Grundlagen des Biotopschutzes für Tiere. Greven (Kilda-Verlag) 1976
BLUME, H. P., SUKOPP, H.: Ökologische Bedeutung anthropogener Bodenveränderungen. Sonderdruck der Schriftenreihe für Vegetationskunde. Heft 10. Bonn — Bad-Godesberg (Eigenverlag) 1976
BOERICKE, Art, SHAPIRO, Barry: Handmade Houses. Von der Kunst der neuen Zimmerleute. Frankfurt (Dieter Fricke Verlag) 1977
BOLLNOW, Otto Friedrich: Mensch und Raum. Stuttgart (Verlag Kohlhammer) 1963, 1984
BÖSE, H., SCHÜRMEYER, B.: Folgen von Verkehrsberuhigung. S. 27—37 in: Garten und Landschaft 6/1984
BRANDENFELS, A.: Wildpflanzengesellschaften als Gestaltungselemente öffentlicher Grünanlagen. S. 63—84 in: Peter-Joseph-Lenné-Preis 1979. Berlin (Eigenverlag des Senators für Wissenschaft und Kulturelle Angelegenheiten) 1981
BRAUN-BLANQUET, J.: Pflanzensoziologie. Wien, New York (Springer Verlag) 1964
BREITENMOSER, U., SCHWARZ, U: Die Gestaltung innerstädtischer Biotope. S. 12—15 in: ANL-Tagungsberichte 1/81-Stadtökologie. Laufen / Salzach (Eigenverlag)
BROCKHAUS — ENZYKLOPÄDIE. Wiesbaden (F. A. Brockhaus-Verlag) 1971
BRUNNER, Erwin: Die Affäre Rotkäppchen. S. 9—12 in: Die Zeit — 52/1984
BURCKHARDT, Lucius: Die Kinder fressen ihre Revolution. Köln (Du Mont Verlag) 1985
BÜRGERINITIATIVE „SCHÖNEBERGER SÜDGELÄNDE" (Hrsg.): Das verborgene Grün von Schöneberg — Naturpark Südgelände. Berlin (Eigenverlag) 1985
CASSIRER, Ernst: Idee und Gestalt. Darmstadt (Wissenschaftliche Buchgesellschaft) 1981 (Repr. of the 2. ed. Berlin 1924)
DARLINGTON, Arnold: Ecology of Walls. London (Heinemann Educational Books) 1981
DUERR, Hans Peter: Traumzeit. Über die Grenzen zwischen Wildnis und Zivilisation. Frankfurt (Syndikat Verlag) 1983
EICK, Klaus: Untersuchung der Freiraumnutzung durch Kinder. Dargestellt an neueren mehrgeschossigen Siedlungen. Berlin (Dissertation am FB 14-TU-Berlin) 1979
ELLENBERG, Heinz: Vegetation Mitteleuropas mit den Alpen in ökologischer Sicht. Stuttgart (Ulmer Verlag) 1978

ERZ, Wolfgang: Flächensicherung für den Artenschutz — Grundbegriffe und Einführung. S. 7—20 in: Jahrbuch für Naturschutz und Landschaftspflege: Flächensicherung für den Artenschutz. Greven (Kilda-Verlag) 31/1981

FELLNER, Helmut: Die Problemsituation des schulpflichtig gewordenen Kindes hinsichtlich seines Spiels im Freien. Empirische Untersuchung einer Freispielsituation am Modell der Naturspielanlage. Wien (Dissertation — Univ. Wien) 1976

FEOLI, E., LAUSI, D., PIGNATTI, S.: Grundsätze einer kausalen Erforschung der Vegetationsdynamik. (Zitiert bei: Schmidt, W. 1981, S. 36)

FEUERSTEIN, Günther: Architektur — Kunst — Magie. S. 37 in: Transparent 3/4 — 1980

FINDEIS, Maria: Wildgemüse und Heilkräuter in der Nähe der Großstadt. Wien (Partl Verlag) 1947

FORSTNER, W., HÜBL, E.: Ruderal-, Segetal- und Adventivflora von Wien. — Wien (Verlag-Notring) 1971

FRANK, Josef: Architektur als Symbol. Wien (Löcker Verlag) 1981

FRIEDELL, Egon: Kulturgeschichte der Neuzeit. München (dtv) 1976

GEHMACHER, Ernst: Hat die Friedensbewegung eine Chance? Sozialwissenschaftliche Betrachtung zu einem Thema über das wir viel zu wenig wissen. S. 15—19 in: Zukunft 7/8 1982

GEKLE, Ludwig: Ermittlung und Vergleich von Verfahrenskennwerten der Landespflege als eine Sonderform der Landbewirtschaftung. — in: Bierhals et alteri: Brachflächen in der Landschaft. Darmstadt (KTBL-Verlag) 1976

GERKEN, Gerd: So, als gäbe es einen spirituellen Plan. Über Grundlagen der Kreativität, Trends und Ursachen moderner Trends. — in: Trendwende 4/1983

GERKEN, Gerd: Die Geburt einer neuen Kultur ist in vollem Gang — Ergebnisse methodischer Trendforschung. S. 1—7 in: Trendwende 3/1984

GERLACH, Peter: 40 Thesen zur Problematik der Brachflächen. S. 7—42 in: Bierhals et alt.: Brachflächen in der Landschaft

GETTE, Paul-Armand: Exotik als Banalität. Berlin (Verlag des DAAD und der edition copie) 1980

GOLLOWIN, Sergius: Symbolgestalten im Märchen. S. 229—250 in: W. Bauer, I. Dürmotz, S. Golowin, H. Röttgen: Bildlexikon der Symbole. München (Dianus Trikont) 1980

GOLOWIN, Sergius: Symbole aus dem Sagenkreis weiser Frauen. S. 251—278 in: W. Bauer, I. Dürmotz, S. Golowin, H. Röttgen: Bildlexikon der Symbole. München (Dianus Trikont) 1980

GRIMMS-MÄRCHEN: Deutsches Märchenbuch

GRUNDLER, H., HÜLBUSCH, K. H. et alt.: Pflege ohne Hacke und Herbizid. Arbeitsbericht des Fachbereichs Stadtplanung und Landschaftsplanung. Heft 52. Kassel (Eigenverlag der Gesamthochschule Kassel) 1984

HANNESEN, Hans Gerhard: Ausstellungkatalog — Kaspar David Friedrich. Stuttgart (Staatsgalerie) 1985

HANSEN, Harold A.: Der Hexengarten. München (Dianus Trikont) 1983

HART, Roger: Wildlands for children: consideration of the value of natural environments in landscape planning. S. 34—19 in: Landschaft und Stadt Nr. 1/1982

HAUS-RUCKER-CO 1967—1983. Hrsg.: Heinrich Klotz, Braunschweig (Friedrich Vieweg & Sohn Verlag) 1984

HÄUSSERMANN, Hartmut, SIEBEL, Walter: Die Chancen des Schrumpfens. Plädoyer für eine andere Großstadtpolitik. S. 33—37; in: Die Zeit 13/1985

HEINEMANN, Georg, POMMERING, Karla: Freiraumanalyse innerstädtischer Gebiete. S. 615—618 in: Garten und Landschaft 8/1981

HEYDEMANN, Berndt: Zur Frage der Flächengröße von Biotopbeständen für den Arten- und Ökosystemschutz. S. 21—51 in: Jahrbuch für Naturschutz und Landschaftspflege: Flächensicherung für den Artenschutz. Greven (Kilda-Verlag) 1981.

HEYDEMANN, B., MÜLLER-KARCH, J.: Biologischer Atlas Schleswig-Holstein. Neumünster (Wachholtz Verlag) 1980

HILLMANN, James: Am Anfang war das Bild. — München (Kösel-Verlag) 1983

HOHN, Hans-Willy: Die Zerstörung der Zeit. Wie aus einem göttlichen Gut eine Handelsware wurde. — Frankfurt (Fischer Taschenbuch Verlag) 1984.

HÜBL, Erich: Acker- und Ruderalflora. Liste der wichtigsten Gefäßpflanzen der Acker- und Ruderalstandorte. S. 157—194 in: Naturgeschichte der Stadt Wien — Band 4. Abschnitt: Die offene Randzone der Stadt. Wien, München (Jugend und Volk Verlag) 1974

HÜBL, Erich, HOLZNER, Wolfgang: Vorläufiger Überblick über die Ruderalvegetation von Wien. S. 233—237 in: Acta Inst. Bot. Acad. Sci. Slovacae Ser. A 1 1974 Bratislava

HÜLBUSCH, Karl-Heinrich: Das wilde Grün der Städte. S. 191—201 in: Andritzky/Spitzer: Grün in der Stadt. Hamburg (rororo) 1981

HÜLBUSCH, K. H., BÄUERLE, H., HESSE, F., KIENAST, D.: Freiraum- und landschaftsplanerische Analyse des Stadtgebietes von Schleswig. Kassel (Kasseler Schriften zur Geographie und Planung, Urbs et Regio II) 1979

HUNGER, Herbert: Lexikon der griechischen und römischen Mythologie. Wien (Rowohlt) 1959

HURTWOOD, Lady Allen of: Planning for Play. London (Thames and Hudson) 1971

IMMERWAHR, Raymond: Romantisch. Genese und Tradition einer Denkform. — Frankfurt (Athenäum Verlag) 1972

JACOBY, Harald: Wie betreut man Flächen für den Artenschutz. S. 93—104 in: Flächensicherung für den

Artenschutz. Jahrbuch für Naturschutz und Landschaftspflege 31/1981. Greven (Kilda Verlag) 1981
JAKIMOVIC, Peter: Pfade. Zur Berücksichtigung der natürlichen Dispositionen bei der Planung und Gestaltung von Bewegungslinien des Menschen im Freiraum. Berlin (Diplomarbeit an der TU—Berlin—FB 14) 1985
KAULE, G.: Forderungen an die Gesetzgebung aufgrund der Ergebnisse der Biotopkartierung Bayern und ihrer Auswertung als Naturschutzfachplanung. Zeitung der TU—Berlin 2: S. 27—34 — 2/1978
KIENAST, Dieter: Die spontane Vegetation der Stadt Kassel in Abhängigkeit von bau- und stadtstrukturellen Quartierstypen. Kassel (urbs et regio) 10/1978
KLEMP, Herwig: Mehr Natur in Dorf und Stadt. Damendorf (Eigenverlag) 1981
KRÄFTNER, Johann: Der architektonische Baum. Wien (Molden Verlag) 1980
KÜHNELT, Wilhelm: Free living invertebrates within the major ecosystems of Vienna. S. 83—87 in: Bornkamm, R., Lee, J. A., Seaward M. R. D.: Urban Ecology. Oxford, London, Melbourne, Edinburgh, Boston (Blackwell Scientific Publications) 1982
KUNERT, Günter: Die dirigierte Natur. S. 110—126 in: GEO — Das neue Bild der Erde. 11/1984
KUPHALDT, G.: Die Praxis der angewandten Dendrologie in Park und Garten. Berlin (Parey-Verlag) 1927
LANGENBACH, Heike: Wildnis in der Stadt. Berlin (Diplomarbeit am FB — TU-Berlin) 1983
LAO TSE: Tao Te King. München (Verlag Heinrich Hugendubel) 1978
LASSUS, Bernard: Ein spezieller Fall — der Garten der Vergangenheit. S. 278—288 — in: Andritzky / Spitzer: Grün in der Stadt. Reinbeck (rororo) 1980
LE ROY, Louis G.: Natur ausschalten — Natur einschalten. Stuttgart (Klett—Cotta) 1978
LOHMANN, Michael: Öko-Gärten als Lebensraum. München (BLV-Verlag) 1983
LÖTSCH, Bernd: Auf der Suche nach dem menschlichen Maß. Teil 3. S. 21—25. in: Garten und Landschaft 9/1984
LUZ, Hans: Stuttgarter Gärten. Stuttgart (Eigenverlag) 1980
MADER, Hans-Joachim: Warum haben kleine Inselbiotope hohe Artenzahlen? — Kritische Gedanken über den Wert kleinflächiger Landschaftsstrukturen aus der Sicht des Naturschutzes. S. 367—370 in: Garten und Landschaft 10/1983
MADERTHANER, Rainer: Die Funktionen der Landschaft aus ökopsychologischer Sicht. S. 23—43 in: Folia oecologiae hominis (Humanökologische Blätter) 9/1980
MARGL, H.: Zur Ortung von Siedlungswüstungen unter Wald. in: IWN 2 (Informationsblätter zu Nachbarwissenschaften der Ur- und Frühgeschichte) 1971
MINKE, Gernot: Alternatives Bauen. Kassel (Eigenverlag) 1980
MINKE, G., WITTER, G.: Häuser mit grünem Pelz. Handbuch zur Hausbegrünung. Frankfurt (Fricke Verlag) 1982
MÖCKERNSTRASSE — Projekt am Fachbereich Landschaftsentwicklung (FB 14) der TU-Berlin, 1983
MOSCOVICI, Serge: Sozialer Wandel durch Minoritäten. München (Urban & Schwarzenberg) 1979
MÜCKENHAUSEN, E.: Enstehung, Eigenschaften und Systematik der Böden der Bundesrepublik Deutschland. Frankfurt (DLG-Verlag) 1977
MÜHLICH—VON STADEN, Christine, MÜHLICH, Wolfgang: Wohnen und Bauen wieder neu lernen — in der Gruppe? S. 12—17 in: Stadt. Monatshefte für Wohnungs- und Städtebau 2/1982
NATH, Martina: Historische Pflanzenverwendung in Landschaftsgärten und ihre Auswertung zur Erhaltung gefährdeter Arten und deren Auswertung für den Artenschutz. Dissertation am Fachbereich 14 der TU-Berlin. 1986
NATURSCHUTZ IN DER GROSSTADT. In der Schriftenreihe Naturschutz und Landschaftspflege in Berlin-West — Heft 2. Hrsg.: Der Senator für Stadtentwicklung und Umweltschutz. Berlin 1984
NOHL, Werner: Der Mensch und das Bild·seiner Landschaft. S. 5—11 in: ANL — Tagungsbericht 7/81: Beurteilung des Landschaftsbildes. Laufen / Salzach.
NORBERG-SCHULZ, Christian: Genius Loci. Landschaft — Lebensraum — Baukunst. Stuttgart (Klett — Cotta) 1982
OBERDORFER, Erich: Süddeutsche Pflanzengesellschaften. Teil I, II, III. Stuttgart, New York (Gustav Fischer Verlag) 1981
POHLEN, Annelie: Zeichen und Mythen — Orte der Entfaltung. Köln (Du Mont Buchverlag) 1982
RESWOY, P. D.: Zur Definition des Biozönosebegriffs. (zitiert in: Kienast 1978)
ROTERS, Eberhard: Erinnerungsspur. S. 70—85 in: Appelt, Dieter: Photosequenzen — Performances — Objekte — Filme. Berlin (Ausstellungskatalog) 1981
SCHAUER, Lucie: Der Gang durch den Spiegel. S. 8—16 in: Appelt, Dieter: Ausstellungskatalog 1981
SCHMIDT, Wolfgang: Ungestörte und gelenkte Sukzession auf Brachäckern. Göttingen (Erich Goltze Verlag) 1981
SCHNACK, Friedrich: Traum vom Paradies. Eine Kulturgeschichte des Gartens. Hamburg (Rütten & Loening Verlag) 1962
SCHOLZ, H.: Die Ruderalvegetation Berlins. Berlin (Dissertation) 1956 — (Zitiert bei Kienast S. 11)
SCHOTTMAYER, Georg et alteri: Der Bauspielplatz — Untersuchung über Freizeitareale in Dänemark in: Das Gartenamt. 6/1972
SCHRÖDER, H., EICKENBERG, R. J.: Ein Netz von Freiflächen. Planung und Realisierung der „grünen 14" in Essen. S. 23—30 in: Garten und Landschaft 2/1985
SCHULTE, Wolfgang: Lebensraum Stadt. Pflanzen und Tiere nach Farbfotos bestimmen. München, Wien,

Zürich (BLV-Verlag) 1984
SCHULTE, Wolfgang: Modell einer stadtökologischen Raumgliederung auf der Grundlage der Florenanalyse und Florenbewertung. S. 103—108 in: Natur und Landschaft 3/1985
SCHUMACHER, Wolfgang: Flächensicherung für den Wildpflanzenschutz. S. 117—129 in: Jahrbuch für Naturschutz und Landschaftspflege: Flächensicherung für den Artenschutz. Greven (Kilda Verlag) 1981
SCHWARZ, Urs: Der Naturgarten. Frankfurt (Wolfgang Krüger Verlag) 1980
SEIBERTH, Hermann: Stadtökologie — Naturschutz und Landschaftspflege in der Großstadt. S. 154—190 in: Andritzky/Spitzer: Grün in der Stadt. 1981
SILVA TAROUCA, SCHNEIDER, C.: Unsere Freilandstauden. Anzucht, Pflege und Verwendung aller bekannten in Mitteleuropa im Freien kulturfähigen ausdauernden krautigen Gewächse. Leipzig, Wien (Hölder-Pichler-Tempsky AG) 1922
SIMMEN, Jeannot: Ruinenfaszination. Dortmund (Harenberg Kommunikation) 1980.
SKELL, Ludwig von: zitiert bei Kuphaldt, 1927, S. 19
SKINNER, Stephen: Chinesische Geomantie. Die gesamte Lehre des Feng-Shui. München (Dianus Trikont Verlag) 1983
SPIELMANN, Heinz: Gärten des Manierismus. Herrsching (Pawlak-Verlag) 1977
SPITZER, Klaus: Der offene Spielplatz. S. 30—35 in: Garten und Landschaft 9/1984
SPIRIT AND INVENTION: Hrsg.: Architectural Association. London (Eigenverlag) 1982
STEIN, Gerd: Europamüdigkeit und Verwilderungswünsche. Frankfurt (Fischer Verlag) 1984
STERN, Stefan: Endstation Wald. S. 88 ff. in: Natur Nr. 9/1981
SUKOPP, Herbert: Ökologische Grundlagen für die Stadtplanung. S. 173—181 in: Landschaft und Stadt 11/1979
SUKOPP, Herbert: Veränderungen von Flora und Vegetation in Agrarlandschaften. S. 255—264 in: Berichte über Landwirtschaft. 197. Sonderheft — Beachtung ökologischer Grenzen bei der Landbewirtschaftung. Hamburg — Berlin (Paul Parey Verlag) 1981.
SUKOPP, H. et alt.: Freiräume im „Zentralen Bereich" — Berlin (West). Landschaftsplanerisches Gutachten. Anforderungen an die Entwicklung des Gebietes. Berlin (Eigenverlag TU-Berlin) 1982
TARKOWSKIJ, Andreij: Die versiegelte Zeit. Gedanken zur Kunst, zur Ästhetik und Poetik des Films. Frankfurt (Ullstein Verlag) 1985
TRNEK, Renate: Der Wandel des Sehens und Empfindens von Landschaft durch die Kunst. S. 31—41 in: Achleitner, F.: Die Ware Landschaft. Salzburg (Residenz Verlag) 1977
ULLMANN, Gerhard: Niemandsland — Stadtbrachen und wildes Gelände im Wohnbereich. S. 110—114 in: Andritzky / Spitzer 1981
VOGG, Wolfgang: Vom Typenbild zum Stimmungsbild. Die Entwicklung der Landschaftsgestaltung auf den Bühnen Wiens zwischen 1790 und 1830, dargestellt anhand von Dekorationsentwürfen. Wien (Dissertation — Uni-Wien) 1984
VLOTEN, William van: zitiert bei Schnack, Friedrich: Traum vom Paradies, 1962. S. 10
WATZLAWIK, Paul: Lösungen: Zur Theorie und Praxis menschlichen Wandels. Bern, Stuttgart, Wien (Huber Verlag) 1979
WAUSCHKUEN, Franz: Darum sind Hexen heute so modern. in: Hamburger Abendblatt vom 6. 3. 1979
WEBER, Rolf: Ruderalpflanzen und ihre Gesellschaften. Wittenberg (A. Ziemsen Verlag) 1961
WILDERMUTH, Hansruedi: Natur als Aufgabe. Basel (Schweizerischer Bund für Naturschutz) 1978
WEATLEY, Thomas: Observations on Modern Gardening. London 1770
WOESS, F., BAYR-KLIMPFINGER, S., FELLNER, H., LOIDL, H., SAIKO, W.: Spielversuche auf der Naturspielanlage Gspöttgraben. Wien 1971
WOESS, F., LOIDL, H., PATSCH, J., ZEITLBERGER, H.: Wiener Gstettnkonzept. Wien (im Auftrag des Magistrates der Stadt Wien — Mag. Abt. 18) 1973
WÖLFFLIN, Heinrich: Kunstgeschichtliche Grundbegriffe. Basel (Schwabe-Verlag) 1915, 1984

BILDNACHWEIS

Der Picus Verlag dankt allen Inhabern und Eigentümern der Rechte nachstehender Abbildungen für die freundliche Genehmigung der Publikation:

S. 22/23 und S. 159, Eduard Angeli, Wien. — S. 28, 36/37 und S. 134, KdZ 17581, A. 39,495-80, 704-66, Staatliche Museen Preußischer Kulturbesitz, Kupferstichkabinett, Berlin. — S. 29, aus: Jeannot Simmen, „Ruinenfaszination". Die Bibliophilen Taschenbücher, Harenberg, Dortmund, 1980. — S. 30, Achim Graf, München. — S. 31, aus: Amanda Marshall, in: Spirit and Invention. Architectural Association (Hrsg.), London. — S. 32 oben, aus: Andreij Tarkowskij: Die versiegelte Zeit. Verlag Ullstein GmbH / Propyläen Verlag, Berlin. — S. 32 unten, Udo Idelberger, Berlin. — S. 33, Reinhard Onnasch Galerie GmbH, Berlin. — S. 41, 42 und 182 oben, Zeichnungen von Ludwig Richter. — S. 90 oben, 97 unten und S. 110, Wolfgang Schulte, Bonn. — S. 123 und 124 oben, Planungsgruppe Ulm, Christine Mühlich-von Staden und Wolfgang Mühlich. — S. 157, Jahreszeitenverlag, Hamburg. Foto: Fritz von der Schulenburg, „Blick in die antike Rotunde von Hestercombe Garden". — S. 174, aus: Louis G. Le Roy, Natur einschalten — Natur ausschalten, 2. Auflage 1983, Klett-Cotta, Stuttgart. — S. 176, Volker Krämer, Essen. Foto: „GOA". — S. 177 oben und unten, Horst Schröder, Essen. — S. 180 oben, Laurids Ortner, Linz.

Die hier nicht ausdrücklich angeführten Abbildungen hat Cordula Loidl-Reisch photographiert.